招財開運
私房學

招財
開運

WWW.foreverbooks.com.tw

yungjiuh@ms45.hinet.net

幻想家系列 23

招財開運私房學

編　　著	青山佃雅
出版者	讀品文化事業有限公司
執行編輯	翁敏貴
美術編輯	林于婷

本書經由北京華夏墨香文化傳媒有限公司正式授權，
同意由讀品文化事業有限公司在港、澳、臺地區出版
中文繁體字版本。

非經書面同意，不得以任何形式任意重製、轉載。

社　　址	22103　新北市汐止區大同路三段 194 號 9 樓之 1
	TEL／(02) 86473663
	FAX／(02) 86473660
總經銷	永續圖書有限公司
劃撥帳號	18669219
地　　址	22103　新北市汐止區大同路三段 194 號 9 樓之 1
	TEL／(02) 86473663
	FAX／(02) 86473660
出版日	2014年2月

法律顧問	方圓法律事務所　凃成樞律師
CVS代理	美璟文化有限公司
	TEL／(02) 27239968
	FAX／(02) 27239668

國家圖書館出版品預行編目資料

招財開運私房學 / 青山佃雅編著.
-- 初版. -- 新北市：讀品文化，民103.2
面 ； 公分. -- (幻想家系列 ; 23)
ISBN 978-986-5808-36-5 (平裝)
1.相宅 2.改運法
294.1　　　　　　　　　102025831

前言

　　風水學經歷幾千年的不斷豐富和發展，在認識自然、改造自然的方法和手段方面都有長遠的發展，也成為人們日常生活中的重要內容之一。本書結合傳統的天時、地利、人和三個因素與現代商業管理學：天，指時運，體現於商業及市場行情；地，指地理環境和位置等恰當的安排和配合；人者，指處事方法和購物人群複雜的心態特徵。從這三個方面對店鋪的性質、顧客、交通、位置等商業風水因素進行細緻的歸納和分析，既開示風水玄奧，又闡明經營規律。

　　想要讓事業有個好的開始，一定要找一個好的地點。選擇經商的店鋪，俗稱「選碼頭」，碼頭位置的好壞，對商業經營和生意的好壞，會產生很大的影響。經商店鋪的風水選址，應當選擇一個能保證商家精力旺盛的環境，如此不但便於招攬顧客、利於買賣，而且能給商鋪帶來長期的生意興隆。

　　隨著社會主義文明進步發展，人們的生活水準日

益提高，對居住的內外環境佈局也越來越重視。例如，人們在選擇陽宅時，首先察看周邊環境，然後再設計佈局宅內的環境，尋找吉利位置，將宅內佈局設計調理平衡，使宅內呈現出生機、美觀、和睦的氛圍，達到天時、地利、人和的和諧境界。

風水是一種古老文化，現在風水觀念被越來越多的人所接受。人們開始認識到居住在不同住宅中的人，一生中的運氣會有很大不同。住宅風水講究吉凶，能做到趨吉避凶才是好的風水。

住宅的主人是全家的重心，只要宅主旺，其他人也會跟著受益。因此，要遵從陰陽調和、五行勢順的原則，住宅的大門、主臥室、床位、辦公桌、廚衛等物品，必須對房主人形成吉勢才是好的家居風水。

CONTENTS

Chapter 1
開店風水篇

CONTENTS

開店

招財開運

風水篇
Chapter 1

商鋪的選擇

◆ 商鋪風水選址總則

　　大樓如果用於商業用途，可以根據九星風水，配合經營者的命格，選擇向著旺氣、生氣、進氣的大樓，這樣才能讓生意興隆，事業發達。大樓向著旺氣方，可興旺發達，向著生氣方，生機勃勃，事業穩步向前發展：向著進氣方，財源廣進，穩定發展。

◆ 商鋪「龍頭」

　　在每個行業裡都有業績做得比他人出色的大型企業，人們將其成為行業的「龍頭」。對於新開業的商鋪，如果能把商鋪選定在「龍頭」企業的旁邊或附近，往往能夠沾染「龍頭」的貴氣，尤其是從事零售行業的店鋪，還可以借助「龍頭」的品牌所具有的號召力帶來

的大量人流，無形中增加自己店鋪的客流量，有利於自己生意的興隆。

開門做生意，誰都希望自己能做到業內「龍頭」的位置。要使得商鋪成為「龍頭」，在商鋪選址的時候，需要注意以下幾點：

1. 避左選右，以聚人氣

在中國的傳統風水文化中，「右上聚，左主散」一直都是被人們所尊崇的商鋪選址定律。

2.「相迎不相順」

「相迎不相顧」是中國傳統風水文化的重要規律，主要就是在開店選擇地址的時候，商鋪大門的朝向要與商鋪的所在位置向配合。

3. 忌諱直面道路

在風水中，「喜迴旋，忌直沖」也是一種避免是非，降低商業風險的主要方法之一。

4. 注意對風的使用

「無風死氣沉沉、緩風人財兩旺、急風聚散成空」，在風水中，都很重視「風」對店鋪生意的影響。

因為「風」在不同的商鋪內部會營造不同的風水環境，進而也會對商鋪的經營產生不同的影響。

一般來説，好的店面多設在人口密集、交通便利之地，人流量大、人氣旺，才能使生意興隆。但理想的店址並不易找到，這時候就需要針對不利因素、相應改善店鋪的招財佈局，以期達到斂氣生財的效果。

◆ 「一鋪養三代」

正確選擇商鋪位址，往往可以達到「一鋪養三代」的效果。在商鋪選址時，不可忽視以下問題：

1. 「金角，銀邊，草肚皮」

在一條商街上要選擇「角」與「邊」上的鋪位。「金角，銀邊，草肚皮」一直是商業內流行的擇址的要訣。

2. 選低不選高

顧客在店鋪內行走購物為省時、省力，往往不願向樓上走，因而低層店鋪往往比高層店鋪可以創造出更

高的贏利。

3. 靠近交通樞紐

商鋪經營會受制於交通路線，因此車站這類的地方一般都會匯聚人流，周邊的店鋪自然也就會受人青睞。

4. 投資社區商鋪

社區是人群密集居住、常年生活的空間，因而在靠近社區的地點設置商鋪，不僅能夠為社區人員提供充分的便利，而且商鋪的投資安全性和營利性也會得到提升。

5. 選對商圈

周圍商圈的環境組合會對市場空間產生一定的影響，只有適應環境的商鋪才會經營得顧暢。

6. 順應城市規劃

都市規劃就是對整個都市區域未來發展的遠景進行設計，目的是為了改變城市空間的格局，有些地方在這一過程中便會受到影響，在選擇時候要密切注意。

◆ 商鋪設置在行業市場

一般來說，將商鋪設置在同行業商品聚集的商圈或市場是一個不錯的選擇，可以直接分享他人的客戶群。而且，從風水的角度看，當某一行業的商品彙集在一起之後，會形成氣場，而這種氣場也會帶來大量的人氣。人多則氣旺，氣旺則財旺。所以，將自己的公司選在行業市場內或是附近，可以為拓展業務打下基礎。

隨著人氣的聚集，商家之間雖然會存在一定的競爭，但是，這種良性的競爭能夠促進商品種類、服務等多方面的提升，從而不斷提升市場本身所具備的影響力，也就更加有利於經營。

◆ 商鋪設置在繁華地段

一般來說，將商鋪開設在繁華的地段，便能充分利用該區域密集的人流來刺激銷售。而從風水學的角度來看，有人就有生氣，人愈多生氣就愈旺，乘著生氣就

能帶來生意的興隆。從經濟學的角度說，市鎮上的繁華地段，都是商品交易最活躍、最頻繁的地方，人們聚集而來，就是為了選購商品。

◆ 商鋪設置在偏僻地段

開設在繁華地段的商鋪往往生意興隆，財源滾滾。相反的是，如果將店鋪開設在偏僻的街段，便會很少有人光顧。按照風水的說法，人是生氣的代表，沒有人光顧的商店，則會缺少生氣。缺少生氣，陰氣則生，陰氣旺盛則商店的生意就會不景氣，嚴重的還會影響到店主的身體健康。

◆ 屋前開闊

「屋前開闊」，這是因為風水學要求房屋前有寬敞的明堂，以便藏風納氣，商鋪也不例外。因此，選擇商鋪的位址時，應多考慮商鋪正前方的開闊，不能有任

何遮擋物存在，比如圍牆，電線杆，看板以及成片的樹木等。

商店門前開闊，不僅可以使商店面達四方，而且會使商鋪的視野廣闊，即使處在較遠的顧客和行人也都能清楚地看到鋪面，這樣便會使得商鋪經營的商品資訊遠播四方，傳給顧客，再傳給行人。顧客和行人在接收到商鋪的商品資訊後，就有可能前來選購。在風水中，將這種資訊的傳遞，稱為氣的流動，門前有氣的流動，便會使商鋪內生氣大漲，有利於財運的發生和聚集。

◆ 選址要注意周圍道路情況

如果你要選擇一個商鋪位址，那麼，下面幾個與道路有關的因素必須要考慮到：

1. 在路口經商會有利於聚財

四面道路的人流車流來去彙聚於此，車水馬龍，彙集於明堂水口，會是很好的風水格局。

2. 「上有高架道路，中有安全島」會影響財運

這樣的道路不僅會阻礙人流，而且還會影響財運。

3.「路沖」遮擋財路

路沖煞的格局不僅容易給居住者造成傷害，而且還會擋住商鋪的財路。

4. 曲路有利於彙聚人氣

在接近道路彎曲處的地方開店，要選擇在弧形的道路內側一邊。稱為「內弓水」或是「腰帶水」，商業空間面對的是這種「玉帶環腰」的道路，將可導引良性能量緩緩進入大門，不僅有利於客源充足，而且也會利於財氣的發生。

5. 街道的右方容易生財

如果店鋪旁的馬路是單行道，則一般應選擇右邊的位置。因為地球的南北極的磁場較強，而地球是自西向東進行自轉，所以河流或者馬路右岸的地方會最先接收到一些好的磁場，進而變得繁榮起來。

6. 接近天橋口的地方有利財運

在城市中會有跨越馬路的天橋，天橋也是路的一

種，天橋口便是水口所在位置，在靠近水口位的商店一般都會有較好的客流量。

7. 接近隧道口的地方會造成傷財

因為隧道口是向下凹的交通管道，會把車流引走，因此無法聚氣和聚財。

8. 底層的樓房可以收財

商店應當儘量設置在較低的樓層內，這樣不僅可以收到水氣，而且有利於商鋪的經營。

◆ 商鋪靠近馬路

風水學認為，馬路就是「水龍」，而道路交匯的地方也就是匯水口，所以位於十字路口拐角處的商業大樓都有非常不錯的財運風水。在風水中，十字路口被稱為「四水到堂」，這裡不僅擁有較為開闊的明堂，而且車水馬龍彙集於此，非常有利於財氣的聚集，如果再加上有個性又醒目的名稱，以及獨特的裝修風格，一定可以獲得非常好的商業前景。

對於商業選址來説，人流和車流是重要的參考因素之一。但如果將商業大樓選在大馬路邊，寬闊的道路雖然會有大量的車流和人流，但是由於速度太快，所以人氣也無法被聚集起來。而且為了安全起見，大馬路中間一般都會設置安全島。這樣一來，就算這條路經過的人再多，也很少有人會願意特意穿過馬路去看看。彙集的人氣被寬闊的大馬路阻擋，就算地段再好也無濟於事。因此，相比之下，車流少、人流大的中小道路才是商鋪的最佳的選擇。

◆ 宜內弓水，忌反弓水

許多時候，商鋪外邊是彎曲的道路，風水學將彎曲道路的內側稱為「內弓水」格局，也就是被弧度包圍的那一側，如果將商鋪設置在這個位置，大門可以很好地吸收道路所帶來的能量，更容易彙聚人氣，是旺盛利財的格局。

與之相對的則是「反弓水」格局，有著破壞的力

量，不利於生氣的聚集。因此，如果選址時遇到彎曲的道路，應該選擇弧形道路的內側。

◆ 選擇天橋口的大樓

橫跨馬路的人行天橋也是道路的一種，如果按照風水學的觀點來看，天橋也應該屬於水龍，因此天橋口也可以看作是水口位。對聚水、生財十分有利，靠近天橋口的大樓是很適合用來開公司的。

◆ 大樓的出入口靠近地下通道口

隨著城市交通日益立體化，地下道很常見。這裡往往有較大的人流量，因此許多人選擇在地下道出口附近開設商鋪。但風水學認為，並非所有的地下道出口都適合開設商鋪，只有在通向捷運站的地下道出口附近開設商鋪，才能真正達到生意興隆的目的。這是因為，與普通地下通道的人流疏導不同，經過該通道口的人流會

彙聚在捷運站中，面且捷運的進出站也會帶來大量的人流，人氣自然也就會旺起來了。

一般來説，大多數地下道出口的附近都不適合開設商鋪，因為它的走向是從上往下的，這樣下沉式的格局在風水上比較忌諱，既不聚氣，也不聚財，還會將人流引向其他地方。即使大樓的入口不在地下道出口旁，在地下通道入口旁也不好，因為人流雖然從門口進入，但會很快從另一個出口流失。商業大樓接收不到人氣，運勢自然也就不會太好。

◆ 商鋪選在車站和停車場附近

現代社會，汽車為人們最重要的交通工具之一，因此，車站和停車場附近往往積聚著大量的人流，因此車站和停車場附近都是開店的黃金位置。根據地形的特點，距離車站100～200米的範圍是店鋪選址的最佳地段，適合用來做食品、書報、速食等價格便宜、購買方便的商店。

從風水學的角度來分析，道路被視為是河流的象徵，而行駛的車子就是河流中的水，車站和停車場就是彙聚這些「水流」的地方。所謂水能聚財，無論是汽車站、火車站、公車站、捷運站還是碼頭，它們所帶來的人氣最終都會彙聚在此，車站和停車場也因此成為聚財之位。

◆ 根據業主性別選址

風水中有「左青龍、右白虎」的說法。青龍是陽性的力量，是男性的代表，而白虎則是陰性的力量，是女性的代表。在選址時，如果業主是男性，則需要重視所選地點左邊的位置。如果左手邊有高大的建築，則此地陽性力量較為旺盛，能夠幫助男性業主建立事業，也可以剋制小人，減少是非。

如果是女性業主，則需要右手邊有高大的大樓，而且高度一定要超過左邊的青龍位。這樣的格局，更有利於女性權勢的鞏固。

◆ 商鋪選址要取南向

　　無論是房屋還是商鋪，人們都應儘量選擇坐北朝南的坐向，避開坐南向北的坐向，主要目的是為了避免夏季暴曬和冬季寒風。

　　作為純粹經商而使用的店鋪，在進行相關經營活動時要把全部的門都打開。如果店門是朝東西開，那麼，在夏季，陽光就會從早晨到傍晚，將店門到店內都照射通透。夏季的陽光很熾熱，在風水中將此視為煞氣，這種煞氣對商店的經營活動也是非常不利的。

　　但如果商鋪朝向東、西或西北方，人們應注意化解夏冬帶來的煞氣。比如可以在店前撑個遮陽傘，掛遮陽簾等，以避免直接日曬；冬季則可在店門安裝保暖門窗，室內安裝暖氣設備，使溫度回升，營造人們適應的活動場所。

◆ 商鋪宜寬敞不宜狹窄

風水認為，選址要講求「屋前開闊」，以有利於接納八方的生氣，對於商鋪來說，這樣也會有利於廣納四方來客。按照這一原則，選擇店鋪的位址時，則應多考慮店鋪正前方的開闊，不能有任何遮擋物存在，比如圍牆、電線杆、看板以及成片的樹木等。

商店門前開闊，不僅可以使商店面達四方，而且會使視野開闊，即使處在較遠的顧客和行人也都能清楚地看到店面，這樣便會使得商店經營的商品資訊遠播四方並傳給顧客跟行人。顧客和行人在接收到店鋪的商品資訊後，則極有可能前來選購。在風水中，將這種資訊的傳遞，稱為氣的流動，門前有氣的流動，便會使商鋪內生氣大漲，有利於財運。

◆ 商鋪不宜在寺廟和教堂附近選址

有些人以為，寺廟和教堂屬於神聖之地，將商鋪設置在它們附近，就沒有煞氣的困擾，其實，在風水中，寺廟和教堂等都屬於高能量之地，因為這裡是集合

眾人膜拜的地方，聚集著強烈的意念風波，容易將周圍的生氣吸走。商業空間講求的是人氣和生氣，雖然這裡有人氣，卻可能很快被寺廟和教堂強大的力量吸走，從而無法吸收到更多的生氣，生意自然也就無法興旺。

在寺廟和教堂附近還可能出現宗教節日時門庭若市、平時則門可羅雀的情況，導致生意時好時壞。另外，在這些地方開店，還很容易受到廟角的直射，從而導致氣流凝聚不散，招致各種意外。

除非是經營與宗教有關的生意，否則在宗教場所旁選址對生意不利。寺廟、教堂的規模越大，跟它距離越近受到的影響就會越嚴重，最好避開。

◆ 商鋪不宜正對其他建築的牆角

如果選中正對著其他建築的牆角的商鋪，就會產生「箭煞」，對商品的經營非常不利。如此的風水格局會導致店鋪內的生氣不足，不利於「藏風得水」，且容易產生兇氣，自然店鋪的生意也不會好到哪裡去。

◆ 商鋪應遠離高架橋

隨著經濟發展，城市道路不斷向城市的不同空間進行拓展，大量高架橋也隨之而出現。由於拆遷、地理等諸多因素，高架橋也越修越彎，高架橋的出入人口越來越多，彎道則是多而急，因此高架橋也被稱為「九曲十八彎」。高架橋附近的熱浪一波接一波，一旦湧進商鋪裡面，加上噪音、廢氣、灰塵、熱氣、輻射和光線等，就會大大改變附近房屋內的磁場和人體的能量氣場，商鋪的財氣和運氣也會因此受到影響。

◆ 商鋪選址遇到單行道

按照風水學的觀點，「左方為心，右方為中」。所以，在單行道旁邊做生意時，需要以選擇右方的店面為主。這樣便會吸收順行車流的生氣，達到旺財的作用。從日常生活來說，右側為車輛的順行向，顧客出入店鋪時候也比較方便。

◆ 商鋪門面顯露 vs. 生意好壞

商鋪門面就是商鋪的明堂之所在。風水學認為，明堂處若開闊顯露，則財運亨通。如果在此處方位有障礙物，則將會使得外部財氣得不到吸收和聚集，內部的邪氣也無法順利地泄出，不利於店鋪的經營。

◆ 商鋪沒有明堂

由於城市人口密集，因此城市建築物之間的空間相對狹窄，一些商業大樓門前就可以沒有寬敞的地方以作「明堂」之用。此時，要化解門前沒有「明堂」可能帶來的不利影響，最佳的解決辦法當然是將阻礙的物體進行拆除，使大門能夠直接顯露出來。

但如果沒有辦法拆除阻礙物，就可以在招牌上下工夫。用醒目的顏色做招牌，在美觀的前提下盡可能地做得大一些，並且懸掛的位置也要比平常高一些。

另外，也可以用增加陽性能量的方式進行改善。

沒有「明堂」，就説明此處陽氣不足，明亮的光照則可以增加陽性的能量。在大樓的門口和內部都增加光照，光亮的環境既可以彌補沒有「明堂」的缺陷，又可以在視覺上更加引人注目。

◆ 商鋪的光線

光線和開運的關係非常密切，太陽光中的可見部分是由紅、橙、黃、綠、藍、靛、紫七種色彩組成的，外來的光線直接照在臉上，不同的色光會對人本身產生不同的影響，如果照射在物品上會使物品有所改變，如果照進店鋪同樣也會影響顧客的觀感和店鋪內的風水。如果店鋪內光線充足卻不致過於強烈，會對店鋪產生正面的影響。光線屬於陽氣，可以驅除室內的邪氣，還能使得店鋪內顯得很有生氣，進而利於財氣的發生和聚集。

◆ 商鋪對著兩座大樓間的小路

　　如果商鋪正對著兩座大樓間的小路，則會呈現「丁」字型或「丫」字型。如果在此處開店，則容易受到來自道路煞氣的衝擊，不利於財運的聚集。如若無法避開，則需要採取一些風水的方法來進行「制煞」。

　　1. 可以在店鋪前面設置一個布製的圍欄或者圍障

　　可以將店鋪的入口改在側邊，如此則可以遮擋和躲避來自道路的不利煞氣。

　　2. 栽植樹木和花草

　　可以增強店鋪門前的生氣，利於消除煞氣和塵埃。

　　3. 平時應多注意清掃

　　讓店鋪前方有乾淨的空氣流通，同時也利於煞氣的化解。

◆ 店面受阻擋和狹窄

　　有的商店的門面窄小，門外又受到異物遮蔽，如此將不利於商店的經營和發展，需要進行改善，方法主

要有以下四種：

拆除店前的遮擋物，顯露店面的大門。

如果店面太過狹窄無法改變，就要把招牌加大設置，儘量懸掛在高處，使顧客在較遠的地方也能看到，但調整的時候一定要防止「擎頭煞」的發生，否則會不利於財運。

透過電視、電臺、報紙和看板等傳播媒介，對店鋪進行介紹宣傳，儘量讓商店的位址、經營的商品與服務特色被大眾知曉。

積極參加社會上的各種贊助活動，通過慈善事業來提高顧客對商店的認知度。

◆ 三角形用地

三角形在五行中屬火；具有很強盛的力量，並且不容易被控制。三角形用地，自古以來就被認為是凶相的地形，它的火性屬性容易使商業無法穩定，對財運有很大的影響；另一方面，三角形地狀也無法充分利用，

會造成面積的浪費。古人往往在三角形的最小的頂點處，蓋間小廟或土地公廟等；現代則在銳角的頂點處，築圍牆，而使其成為四方形，藉以除厄運。

如果沒有其他的選擇來避開三角形用地，可以對其進行合理的規劃，化解其地形所帶來的風水不吉利等問題。首先，可以將商鋪主要的功能區設在三角形的底部。然後利用空間規劃，盡可能地把主體空間設置成方形。其次，在剩餘的不規則的區域內，可以設置為庫房、水電房、停車場等，這樣既利用空間，又避免沖煞。最後，也可以在三個尖角處種植樹木，通過樹木的能量來促進氣場的波浪性流動，才能對尖角的沖煞有化解作用。

◆ 犯穿心煞的商業選址

「穿心煞」指的是直接穿宅而過的一些建築、形態或物件。例如：樓底下建有管道穿宅而過；樓面有電纜或中空管道跨宅通過等，這都是犯了穿心煞。其對商

鋪的實質性影響程度，則視距離遠近而定。犯穿心煞的物質，多帶有流動性，如暗渠、電纜、水流、電流甚至氣流，均形成流動，它首先影響的是商鋪的穩定氣場環境。

變形的穿心煞，指的是建築物中的承重立柱，在房屋區間劃分過程中，被懸架在區域的中間位置，被稱為「穿心柱」。不單是使宅內人口活動受阻與不便，更會因此導致使用者各方面運程出現反復。在地鐵或隧道上蓋的房屋，便是犯了「穿心煞」，低層數的店鋪宅運不穩，財運差，且居住者身體健康較差、極易生血光之災。解決方法是擺放銅葫蘆和五帝明咒，就可以避免地底穿心煞所造成的運氣反復。

◆ 犯沖天煞的商業選址

窗前見煙囪，俗稱沖天煞或沖煞，如果有三支或五支煙囪則稱為「香煞」。犯這等煞，商鋪主人易患上半身疾病，如胃病、喉病、胸肺部之毛病。在屋的不同

方位都會影響不同的人；在東方，長子多病；在東南，長女多病；在南方，中女多病；在西南，母親多病；在西方，少女多病，在西北，父親多病；在北方，中男多病；在東方，少男多病。化解的方法是：化解沖天煞的辦法是最好不要開對著煙囪方向的窗戶，並用屏風或窗簾進行遮擋。如果煞氣在門口，就應該設置玄關，令煞氣不能進入。

◆ 犯探頭煞的商業選址

　　探頭煞指的是，從店面門口往外看，能夠清楚地看到對面建築突出的部分，比如水塔、空調等，這種情況都可以說是犯「探頭煞」。對面建築突出的部分就像是人探出的頭來偷窺店鋪，這樣就寓示著生意中容易碰到小人，導致財運的流失，或是店鋪被盜。如果是兩座相鄰的辦公大樓，站在其中一座樓的辦公室裡，會看到對面辦公室突出的部分，這種情況也是犯了探頭煞。這種格局也不好，公司容易出現偷盜行為，員工容易以公

謀私。簡單實用的化解的方法是在面對形煞的方向懸掛
一個凸鏡，利用凸鏡的分散作作以化解沖煞。

◆ **背後無靠的商業大樓**

建築物背後有更高的建築物做靠山，在風水學中
往往是吉利的象徵。因為靠山給人一種安全的感覺，有
靠山，人們在創業過程中才會有依靠，並且得到貴人的
賞識和提拔，這對生意和運勢都會有很大的 明。但並
不是建築物後面有靠山就好，也是有些地方是忌諱的，
比如靠山不能過高，也不能是此建築物高度的兩倍以上
等等，否則靠山就會給人壓迫感，變成壓力和阻力。另
外，後靠荒山、禿山也不好，最好是秀麗壯觀的山峰。
如果靠山不是山而是建築物，則得是外表圓潤華麗，沒
有尖角或菱形的建築群才好。如果商業大樓背後的山形
全是怪石、有過度密集的高壓線、山下已經被開礦挖空
或是年久失修的破樓，就無法發揮靠山的作用，相反還
會有災禍降臨。

　　如果商業大樓背後實在沒有靠山，也可以在其後方擺放一些物品來進行化解，比如玉石。擺放玉石雕成的山形擺件，可以達到增強背靠的作用。

◆ 離大馬路太近的大樓

　　雖然說靠近馬路的地方才會有很好的人氣，但這並不意味著商業大樓與馬路的距離越近越好。如果距離太近，快速移動的汽車會帶動周圍氣流的運動，這些氣流就會迅速流過大樓，如果不能被吸收來與大樓的氣場進行一定的融合，或是促進氣場的改變，就會像是割掉整棟大樓的腳一樣，風水上將這種格局稱為「割腳煞」。

　　對於犯割腳煞的商業大樓來說，短時間內不會看到影響。時間一長，公司的運勢就會反復不定，落差很大。

◆ 風向對商鋪的影響

冷風一般是從北方吹來的，對人體健康非常不利。尤其是冬天大都是刮北風，這時如果店鋪門朝北而設，寒冷的北風就會直接吹入店鋪，從風水上說，這也是一種煞氣。如果店鋪中有大量的寒氣聚集，不僅會對人體的健康造成一定的威脅，還會使店鋪內的氣場不能順利流通，從而使店鋪變得死氣沉沉，對生意來說會有非常大的影響。另外，除了北風帶來的冷空氣外，某些地域的風向會出現季節性的強風，也是風煞的一種；或者某些店鋪的前方由於有高大的樓房，有可能會出現強風吹拂的情況，這對店鋪也不利。

避免風向對店鋪影響的最佳方法，就是在門口掛一副遮擋效果良好的門簾，有效地避免寒氣直沖店鋪，使店鋪內部的生氣保持一定的活躍度，從而降低寒氣對財運的影響。

◆ **店面的朝向**

在選擇陽宅的基址時，從風水學上來說，最好取

坐北朝南向，其目的就是為了防止夏天陽光的直射和冬季凜冽的寒風。經商店鋪的選擇上，也同樣要考慮到這兩個問題。如果店鋪門面朝北方開，冬季來臨會很影響生意，尤其冬天經常颳風，強風往往是直接吹進店鋪，尤其在風水學上，也視寒氣為一種煞氣，寒氣過重，對人對經商活動都不利。寒風襲來，店員難以忍耐，影響心情，勢必影響生意的成交，從而不能達到商品銷售的目的。

◆ 商鋪制「煞」

如果店鋪開在東西或西北方向，就要採取措施來制止住夏冬兩季帶來的煞氣。在夏季，可在店前撐遮陽傘、掛遮陽簾、搭遮陽篷等等，以避免烈日的直接暴曬。在冬季，則需要給商店掛保暖門簾，在店內安裝暖氣設備，使店內溫度回升，造就一個適應人們進行正常的經營活動的環境。這種調節寒暑的辦法，風水就叫做「陰陽相剋」或「五行相勝」。

◆ 在車站和停車場附近開店

風水學認為道路是河流的象徵，行駛的車子就是河流中的水，車站和停車場就是彙聚這些「水流」的地方，一直以來，車站和停車場附近都是開店的黃金位置，這裡的商店幾乎都是客源不斷，生意很興隆。這是因為車站和停車場流動人口特別多，可以聚人氣。那麼在離車站和停車場附近多遠開店合適呢？根據地形的特點，距離車站一百到兩百米的範圍是店鋪選址的最佳地段，適合用來做食品、書報、速食等價格便宜、購買方便的商品。

◆ 在接近天橋口處設商鋪

從五行上看，天橋屬水，天橋口的店鋪如水口位，可以接水，是旺財的象徵。不過，如果租金與其他位置相差太遠，也不能選。另外，水口位的店鋪，除了最接近的第一家可作為首選外，在水口位附近的其他位

置也可作次選。

很多店鋪都會向著天橋，天橋對店鋪會造成什麼樣的影響，便要視店鋪的高度而定，高度越高，越有利。至於商業大廈，公司居於較高位置一般都較有利，因為低層不論天橋反弓或抱身，都屬於犯「貼壓煞」。

◆ 辦公大樓選址

一般而言，企業在選擇辦公大樓時，應當注意以下幾點：

1. 選藏風聚氣的地方

按照《陽宅十書》的要求：左方青龍為貴神應當高大，右方白虎為凶神應當矮小，前方朱雀為明堂宜寬敞，後方玄武為靠山忌空曠。風水學最講究藏風聚氣，符合這種格局才是藏風聚氣的地方。

2. 選當運旺地

選一個運旺的房屋，對促使經營者擁有積極向上的心態，從而制定有效的經營理念和正確的決策判斷，

促進公司業務的增長。

3. 前低後高，才有靠山

選擇辦公室時，要注意屋後是否有較高的建築物等，背後有個「靠山」，才能發揮穩定公司的作用，而建築物前面要有空地，視野要開闊，這樣市場才會有很好的發展前景。

4. 選彎環內側

流動的水就是錢財，而水需要不斷流動，才能創造財富，而都市房屋一般都是臨街而建，來往的車流相當於河水的流向，流水太快不能留住財氣。而彎曲的流水，流動比較緩慢，但一定要在彎環的內側，才能護衛著人，進而留住錢財。

5. 忌選遠離高架路、地下道的地方

繁華的城市相對住房擁擠，在高架橋、地下道中往往會有很多建築物比鄰而建，車來車往，橋沖等形成煞氣進入大樓內，使大樓的氣動無法穩定，無法聚集旺氣。化解的辦法是在煞方稍做改動，如擺放魚缸、植栽、水池等。

◆ 辦公室選址

辦公室是生財的重地，想要財運興旺，生意興隆，就得找個好環境，好風水。

首先，先從地點的選擇開始，選個好風水，才能因地啟運，為公司搶得先機，進而使企業經營成功。

風水學上講究選址，其主要目的就是協調種種自然力量（以風和水為主），營造一個健康舒適、和諧的工作或生活環境。風和水所產生的電磁場，稱為「氣」。運程不好的氣，稱為「煞氣」。一處地方的吉凶，除了要看「氣」之外，還有一套風水的推算法則。風水的基本原理是：動、靜、陰、陽。要訣是：藏風、聚氣、乘生氣、避死氣。風水口訣有：「氣聚則財聚，氣散則財散。」因此，在辦公室選址時，必須從室外環境的山形水勢來看需要以「山的形、龍的勢、水的態」和大局的形格來判斷。

◆ 飯店選址

從風水上說，飯店選址需要根據投資人的命造格局，來選擇一處風水寶地，此地能保證商家生意興隆。具體應該注意以下幾個問題：

1. 房屋要坐北朝南

坐北朝南的房屋可以避免夏季陽光暴曬和冬季寒風侵襲，為了給顧客一個優美溫馨的環境，選擇店址時以坐北朝南為宜。

2. 氣場要強要旺

將飯店選擇在市鎮繁華的地段開業，就可以很好地提升自己的形象，為宣傳推廣打下良好的基礎。

3. 開門迎客

在選擇宅址時，風水學上講求屋前開闊，這樣才能接納八方生氣。因此，選擇飯店的位址時要考慮飯店正前方要有開闊的視野，不能有任何阻擋物，比如圍牆、電線杆、看板和高大的樹木等。

◆ 書店選址

如果你要開書店，那麼，在選址的時候，一定要注意避開以下幾個地方：

1. 坡路上

風水學認為，將書店店開在坡路上，是十分不可取的。但是，總有一些書店會遇到此種情況。現實生活中，你的書店如果不得不開在坡路的話，一定要考慮在書店與路面之間的適當位置設置入口，以方便顧客進出。另外，在櫥窗的位置、通道的安排、商品的陳列等方面，都應當有適當的設計。

2. 快速車道邊

隨著現代都市的飛速發展，高速公路越來越多。由於快速通車的要求，高速公路一般有隔離設施，兩邊無法穿越，公路旁也較少有停車設施。因此儘管公路旁有固定與流動顧客群，也不宜作為新書店、影音店選址的區域，畢竟人們不會為了購買圖書或影音商品而在高速公路旁違章停車。況且，將書店設置在快車道邊上也容易犯聲煞，所以，一定要避免。

3. 周圍居民少或增長慢，而商業網點已基本配齊

的區域

這種地區不宜作為書店的新店址，因為在缺乏流動人口的情況下，有限的固定消費總量不會因新開書店而增加。如果你非要在這樣的環境下開書店，店中一定會缺少人氣，對商家十分不利。

4. 路面與店鋪地面高低懸殊的地方

從風水學的角度看，路面與書店地面高低懸殊的地方，也不是理想的書店地理位置。但是，在寸土如金的都市中，在地下、樓上或在有幾級臺階的房屋開設書店是常有的事情。遇到這種情形時，對於書店的門面、入口、天花板和招牌等設計安排便應特別注意，既要有利於吸引顧客進入店內，又要方便進入，樓梯、階梯和門的寬度，都要慎重考慮，既要考慮經濟效應，又要符合風水的要求。

5. 樓層高的地方

如果你將書店開在二樓甚至更高的地方，不僅會因為樓層高不方便顧客購買，而且樓層高開店傳播效果較差，圖書或影音商品的銷售量難以擴展。長久下來，

店裡會缺少人氣，甚至可能因此陰氣太重，影響事業和店主的健康。因此，結合了以上幾點，我們知道人氣不旺、交通不暢、進出不便、視野不好等地方的風水都是不適合開書店的。

◆ 專賣店選址

風水學認為，對開專賣店而言，並不是所有的好地點都賺錢，有時遇到市政規劃變動，熱鬧的地段也有可能變成冷僻之地，而許多正在開發中的地段卻有著極大的投資空間。因此，經營者在選址時要將眼光放遠些，不能只迷信黃金地段，以為「非風水寶地不嫁」。事實上，這是廠商們在為專賣店選址時普遍存在的一種心態。他們認為，在鬧市區、商業中心開店，能以較高的客流量帶動銷售，開店就要開在黃金旺地。殊不知，黃金地段的昂貴租金與激烈競爭所帶來的經營壓力，非一般專賣店所能承受的。因此，在選擇專門店位址的時候一定要量力而行，選擇適合自己的風水寶地。

選地須知

◆ 理想房屋

古代人挑選房屋時，首先要看地理環境，所謂「負陰抱陽，背山面水」，講究龍、砂、穴、水、向五個方面的環境構成。龍，即背後所靠連綿大山；砂，四周包圍的低矮小丘；穴，風水之所聚集之處；水，門前有曲折之河；向，即房屋的坐向所朝。

具體而言，北面有連綿的群山為依靠，南面有呼應的低山小丘，左右兩側有小山相護衛，中間部分開闊寬敞，前面有曲折流水相環繞。理想房屋的背後有群山，可以抵禦冬天北來的寒風，前面有水，可以接納夏天的涼風，生活用水也極為便利；左右有小山護衛，形成相對封閉的空間，可以形成良好的局部小氣候。

這種佈局非常適合中國古代自給自足的農業耕作模式，因此成為一種良宅的標準。

◆ 新填平的地方

如果選擇的宅基地是由大水溝或水塘剛填平的，不要立即在上面建房。因為此時的地基還不夠扎實，很可能會發生塌陷或裂開，安全性較差。如果非要用它作宅基地，一定要過一段時間，等地基穩固以後再開始動工。

◆ 低窪之地

在風水中，水代表「財」，而低窪之地易聚水。但是，如果坡度過於陡峭，會造成「不泄千里」之勢，更加不利於積財。而且，低窪之地的出行交通也不便利：容易積存雨水，造成屋子濕氣過重。

◆ 填平的廢井

填平的廢井上面並不適合蓋房子，因為很可能會

因為填土不實導致地下水滲出造成地基不穩定,或者是因當初掘井太深造成地氣枯絕。

把房屋蓋在廢井上,地基的濕氣或枯氣會對家人的健康產生不利的影響。

◆ 農田

種植過植物的田地,如果要用作宅基地,一定要等農作物收穫完畢後才能動工。不然,遺留在地裡的農作物或樹根等,時間一久腐爛後,會影響地基的穩固。地氣也會受到影響,從而影響到農運的興旺。

◆ 填平垃圾場

垃圾場的土地由於長期堆放垃圾,所產生的穢氣和細菌都滲入土地深處。如果非要以此處為宅基地,一定要先進行清理和消毒處理,再把表面的土層挖去丟棄,重新用新土填入。而且,這種地方最好不要用做房

屋，否則會影響家人的健康和財運。

◆ 曾經是醫院

選擇地基的時候，能不能選擇曾經是醫院的宅地呢？答案是不能。原因有以下三個方面：

首先，醫院用地是許多病菌和病人廢棄物的積存之地。

其次，醫院是眾多病人聚集之所，大量黴氣滯留在此。

再次，醫院之中經常有人病故，其死氣不吉，對周邊的氣場有重大影響。

因此把曾經是醫院的地點轉作為房屋建地，會影響居住者家人的健康，非常不好。

◆ 曾經是墳地

墳地的陰氣過重，地下由於埋葬屍體也滋生了大

量的細菌。如果要把墳地改造成宅基地，必須提前進行清理和消毒，並且擱置一段時間後再進行動工。否則，將會對家運和健康產生不利的影響。

◆ 曾經是刑場或戰場

曾經用做刑場或發生過戰役的地方，由於長期積存大量的冤氣、殺氣和陰氣，作為房屋是非常不宜的。除非相隔的時間非常久遠，並且經過清理和法師的超度淨場，才可以再次使用。

◆ 曾經發生過火災的地方

發生過火災的地方，不僅火氣過盛，其土地中的良好成分更是被改變了。這樣的地方本來不適合蓋房子，但現實中往往會在原址重建房屋。為了利於風水，在重建時，應將地面以下兩米深的土都挖出不用，另填新土。

◆ 曾經的屠宰場

屠宰場是宰殺牲口的地方，每天都有大量殺戮，是殺戮之氣很重的地方。動物的血和肢體碎屑進入地底，繁殖了大量的細菌，即使挖土消毒也很難確定是否清除乾淨，對人的神經會產生一定的影響，因此曾經的屠宰場是絕對不適合蓋房子的。

◆ 四周空曠的宅地

四周空曠的宅地，因為沒有鄰居和阻擋，難以藏風聚氣。住在這樣的房屋裡，人會變得孤僻，人緣變差，對於單身人士的桃花運，自然有害無益。如果不急於蓋房屋，可以多等幾年，等附近繁榮起來、人氣變得充足，再動手蓋房。

如果是農村房屋，四周是自己的平日耕作的田地，則可以地氣來補充人氣，不會不吉利。

◆ 四面臨街的宅地

四面臨街的宅地，四面都有氣流在竄動。若房屋蓋在這種地方，就好像是大海孤舟，四周沒有依靠，讓人沒有安全感，難有踏實之感。

在這種環境中，人會變得沒有耐性，從而影響事業。尤其是孩子，若長期住在這種房屋中，性格會變得不穩定。

◆ 梯形宅地

梯形的地基，如果梯形很規則，即兩側邊等長，那麼這樣的地基依然是吉地，但是蓋房要特別注意坐向。要把短邊作為大門的位置，讓寬邊作為建築的背向，這樣的佈局有利於蓄氣，自然能積福存財，與方正的建地一樣也屬於吉相。若相反規劃，蓋成前寬後窄型，則對人丁和財運均不利，家運會不斷衰退。

如果梯形的兩側邊長短不等，為凶煞之地，對健

康和運氣都不利。左邊短，傷家中男性；右邊短，傷家中的女性。

◆ 三角形的宅基地

三角形的宅地最為凶煞，在蓋房子的時候就會發生糾紛，引發意外。因為宅地的氣場無法取得均衡，住在裡面的人會感覺精力日漸消退、容易罹患怪病或重症；對老年人的影響更大。

三角宅地還特別容易引起外人覬覦。從感情上來說，容易冒出婚外情、第三者，使婚姻發生變故；在錢財上來說，容易發生發生偷盜、搶劫事件。

◆ 從宅地環境看富貴吉凶

古代風水學認為，以宅地為中心觀察周邊地平面變化情況，可以判斷出該房屋的吉凶。如：宅地的西方高、東方低，稱魯土，多出自賢人和富貴之人。

東高西低，稱齊土，不宜經商。北高南低，稱之為晉地，宜人居住。而南高北低，稱為楚土，屬凶，為家門斷絕之地。四方高、中央低，稱之為衛土，主先富後貧，有火災的危險。東南高、西北低，陰陽相剋，災禍最多。

◆ 中西建築理念

西方古建築，以「堅固、美觀」為原則，在外形上力求優雅之美；在功能上力求堅固，能夠流傳千古。而中國古建築，則以空間的舒適與陰陽調和為原則，即萬物負陰而抱陽，沖氣以為和」。為達到「陰陽和合」這個目標，建築的規模就不能太大，建築的高度也不宜太高，在材質上，陰陽適中的「土木」結構自然為最佳選擇。

◆ 背後有山，前有環水

在風水學中，理想居住環境為：背後有山，前面環水，「左青龍、右白虎、前朱雀、後玄武」。從科學角度來說，由於地處於山地陽坡的前方，陽光充足；三面有山環抱，可阻擋冬季的西北寒風侵入，南方的開口，則可讓夏季溫暖的東南季風順利進入，帶來充足的降水。由於三面環山，流水會把山上的表土沖積下來，前方朱雀讓山上沖下來的土壤不致流走。這樣的地形，對於古人的生產活動無疑是非常有利的。

風水學認為，房屋前有曲折環抱之水，為吉利之風水。所謂水能聚氣，有水方有財。從科學的角度來看，「玉帶環腰」之水，一來可以讓房屋環境保證一定的濕度，二來可以固土擴地，有利於農業生產。

河水是夾雜著泥沙而來的，一面侵蝕，一面沉積，環抱這邊河岸，泥土堆積擴展，反弓一邊則不斷被侵蝕。沖積平原，無疑是最有利於農業生產的土壤。

◆ 開門見河，開門見山

在風水中，水是主財的，山環水抱為吉地。但是，如果河流距離房屋過近，或者房屋門前有排水溝經過，由於污染的原因，和潮濕之氣相滲透，對人體健康不利。從風水的角度來看，如果河流從門前直流而過，還會把財氣流走，是破財之兆。

「悠然見南山」是一種優美的意境，對居住來說並非不吉。但是，如果開門就見到大山，即山距房屋很近，難免有壓迫之感，家居的氣場也會受到影響，停滯不暢，對家人健康不利。常要背山而建，才能背後有靠，屬風水吉宅。

◆ 開門見高樓

如果房屋對面是一座高樓，比自己的房屋高出很多，並且距離在15米以內的話，就會造成「奴欺主」之象，例如：家裡小孩子不聽話、公司下屬不聽指揮、事業家庭均不順利，易生有心無力之感。

◆ 水聚明堂

明堂就是指房屋的前方，水聚明堂是指房屋前方有水聚集，這「水」指的是江河湖泊，水清則吉。在風水學上，水主財；水聚明堂，就是財氣聚集。

如果房屋前沒有天然水源，可以修築水池，仍有效果。明堂之水只有清澈才是吉利，如果水流混濁不堪或者污穢骯髒，會影響財運，主破財。

如果推開門就看到水，就形成「割腳煞」，雖有財氣，但流動過快，財氣無法積累聚集，所以，房屋前的水不宜和房屋距離過近。

如果房屋懸空建於水上，或者建在懸崖邊上，開門就可以看到下面的水，那是非常不吉的，而且家人缺乏安全感，長期居住會造成神經緊張、衰弱，做事貪圖僥倖。

◆ 宅前有地下道

　　房屋如果對著地下道，會妨礙氣脈的正常流通，並且大門前的氣場也會受到極大的亂流干擾，對房屋裡面居住的人的人際關係造成不良影響，而且財氣也會受到阻擋，風水極為不吉，不宜居住。

◆ 宅前有水

　　很多人都認為，水主財，因此門前有水就是吉。其實不然，只有那些彎曲而來的小河才為吉，且要配合河流的八卦方位。如果門前的河流過大，或浩蕩或湍急，則會產生大量噪音和濕氣，讓人有不安全感，容易導致神經衰弱、睡眠不好等問題，對財運也會造成不利影響。如果大河與房屋距離超過百米，對房屋的影響就很小了。

◆ 宅前是地下停車場入口

　　地下停車場的入口，看起來像個張開的大嘴，是

氣往下泄的地方，如果房屋正對著這個入口，會引起家中財氣外泄，對財運不利；並且停車場裡車來車往，會引起周圍氣流變幻不定，家中必然難以聚氣，令家人在事業上不易獲得發展。遇到這種情況，必須想辦法加以化解。而五層以上的建築，則無關緊要。

◆ 面朝大海

住在大海邊，是很多人的夢想。但實際上，房屋距離大海過近，空氣中會有大量的濕氣和鹽分，長期在這種環境居住對人的身體健康並沒有好處。因此，海邊的房屋只適合度假或短期居住。

◆ 宅前有樹

房屋前適當種些樹木，可以藏風聚氣，對家居運程非常有利。古代風水典籍上說：「宅基背後要圓高，後擁前平積富豪，四畔俱是栽竹木，綿綿富貴得堅

牢。」意思是說，只要房屋地基選得合適，在周圍四面栽種竹子和樹木，便是大貴之地。

但是，普通的房屋如果門前有太多的大樹，遮蔽天日，就會滋生陰氣；特別是在郊野之中，民居稀少之處，更不宜在房屋四周種植大樹，以免削弱房屋的陽氣。

大門不宜正對一棵大樹，這會妨礙家居氣流的流通，雷雨天氣還會招引雷擊，秋天大量落葉也會造成蕭條之感。

房屋外的大樹以枝葉繁茂為吉，如果出現枯樹或死樹，應及時清除，不然就會出現煞氣，破壞風水。

◆ 房屋八大吉樹

你知道對於房屋而言，八大吉樹分別是哪些嗎？在風水學中，房屋的八大吉樹是：

1. 棕櫚樹

有觀賞價值，棕毛可入藥，在風水上有生財、護

財的作用。

2. 橘子樹

橘與「吉」字音相近，象徵吉祥如意。橘子是金黃色，有喜慶的味道。

3. 槐樹

在風水上代表「祿」，主官運。由於槐樹有威嚴，也可用來鎮宅。

4. 椿樹

椿樹是長壽的象徵，在風水上有護宅和祈壽的作用。

5. 棗樹

棗與「早」同音，喻凡事快人一步，或早生貴子。

6. 石榴

有多子多富之義，有富貴運。

7. 梅

花開五瓣，清高富貴。

8. 椿樹

象徵有「容」乃大，可以提高涵養。

◆ 道路與房屋風水

現代房屋門前很少有江河湖泊，取而代之的是許多縱橫交錯的道路。在風水學上，道路也可以被看做為「水」。

因為道路也是氣的流動，車流來往，人流湧動，就相當於水流。因此，道路和河流有一致的風水特性。

比如，門前有內弓道路為吉，有反弓道路為凶；門前道路橫向為佳，直沖而來則為凶。風水佳的道路，可以為房屋招財，興旺事業；風水差的道路，則會帶來破財之災，或有意外發生。

房屋如果有道路沖煞，就不宜居住，如果不能搬遷，就要想辦法化解煞氣。

◆ 房屋四周有排水溝

▲ 四周有排水溝

　　排水溝裡面全是污濁之水和廢棄之水，聚集著污穢之氣和廢氣，不僅會產生味煞，也對人體的健康非常不利。如果房屋的四周都有排水溝，除了上述不利之外，還會讓房屋氣運隨水流走，有傷事業運和財運，可謂凶宅。

　　如果只是房屋的一邊有排水溝，或者房屋兩邊有水溝相交成直角，對房屋的不利影響較微。

◆ 山上房屋不宜在山頂或懸崖邊

　　山頂上人煙稀少，四周空曠，陽氣不足，會生孤獨沉悶之感；且山頂受強風侵襲，氣場不穩定，不宜居住。

在懸崖邊上居住，險象環生，沒有安全感；且地質結構不穩定，不宜居住。如果家中有小孩，更容易出現意外之災。

◆ 房屋旁邊有池塘

如果房屋前方左右各有一個池塘，此為凶煞之形，主淫亂。俗話說：「龍虎腳上池，淫亂定無疑。」

房屋前後各有個池塘，也是極凶地形，破財損丁兒童多溺亡。俗話說：「前塘及後塘，兒孫定少亡。」

如果若房屋附近的池塘一大一小相連，也為凶煞之形，主病災，男主人有凶災。俗話說：「上塘連下塘，寡婦守空房，大塘連小塘，疾病不離床。」

買房請注意

◆ 選擇大廈要注意

購買大廈時，要注意的風水問題很多，但最基本的有幾條：

1. 不宜有強風吹襲

風水學講究「藏風聚氣」，風勢強勁的話，旺氣無法停留。理想的風勢是微風徐來。

2. 有充足的光照時間

陽光足，則陽氣足。陰暗的房屋，陰氣滋生，不宜居住。

3. 沒有各類沖煞。

4. 洗手間不在房屋中心

屋中心不宜受汙，破財損丁，購買之後難以改造，所以要注意。

◆ 選擇樓層

除了可以依據生肖選擇樓層之外,其他一些因素也要考慮在內,如通風採光、生活便利等狀況,是最值得關注的因素之一。

高層的樓房,無其他遮擋,有良好的通風和採光,但上下不便,適合在家時間較短的中青年居住,而低層的樓房,因上下樓方便,更適宜老年人居住,便於戶外活動。

但是,底層干擾大、環境差、易潮濕,而頂層出行不便、防熱差、供水不足等,因此應儘量選擇總層數的1∕3以上、2∕3以下的那部分為佳。

◆ 房屋缺角

中國古代房屋講究方方正正,如果房屋缺角,就會對住在裡面的人產生不利的影響,因此在選擇房屋的時候,不能選擇缺角的房屋。如果已經住進缺角的房

屋,就要想辦法來化解。

房屋的缺角方位,與家人的健康有著對應關係,具體見下表。

缺角方位	五行屬性	病發部位	代表家人
西北方	金	頭、肺	老年男性
西南方	土	腹、脾、胃	老年女性
東方	木	足、肝、髮、喉	長男
東南方	木	肢、股、氣	長女
北方	水	耳、血、腎	中男
南方	火	目、心	中女
東北方	土	手、骨、鼻、背	少男
西方	土	舌、口、喉、肺	少女

一座房屋的缺角如果超過了房屋面積的1／4,就會對家人產生不利影響。

如果房屋有缺角,可以在屋外缺角方位的空地上種植一些常綠植物,或者裝上一盞燈,燈的顏色有講

究，必須依照所缺方位的五行來決定。用這些措施可以提升這些缺角之處的地氣。

房屋形成缺角，大多是建築物為講究外形而導致的，也可以修建其他建築來彌補，房屋增建的部分，可以用做儲藏室。

◆ 孤立高聳的高樓

▶ 獨立的大樓示意圖

四周無所依靠的獨立高樓，樓層越高，越顯孤單無依。住在這樣的房屋中，難以開運，並且容易滋生出孤僻、冷漠、自以為是的性格，影響人際關係和事業的發展。另外，還有一種情況就是不住在這種孤絕的高樓裡，但是正對著這種建築，同樣是不吉利的建築。

◆ 冷清衰敗的社區

　　如果一個社區或是大樓，大部分住戶都已搬走了，或是新的社區住戶還不是很多，這時就會顯得冷清衰敗，人氣不旺。這樣的地方，衰運已經形成，很難有發展；而且由於空屋過多，容易召來一些流浪漢聚集，對房屋安全也非常不利，選擇房屋時千萬不要貪便宜就勉強選擇這樣的地方。

◆ 房屋的大小

　　房屋的大小要適中，並非越大越好。房屋的大小選擇要根據居住的人數而決定，房屋大而人少，空曠缺人氣，則陰盛而陽乏，主暗病糾纏，陰靈寄居；房屋小而人多，空間擁護，陽盛而陰少，主家人脾氣暴躁，官司是非多。

◆ 新搬家要「暖房」

通常在搬新家之後，要找親朋好友前來相聚，用以暖房旺氣。從生活方面講，親友相聚可敘親情，也可讓大家熟悉你新家的位置。從風水的角度講，新房缺乏人氣和陽氣，長期不居住的房屋也有一種冷清死寂之氣，而找朋友相聚可以讓眾人的運勢來啟動新房的氣場，從而增強房屋的能量。

◆ 房屋朝向與陽臺

西向的房屋之所以風水不好，主要是因為夏季下午的陽光直射入屋內，午後陽光毒性較強。但是，如果西向房屋有一個大陽臺，陽光先照到陽臺，再折射入屋內，危害已經大大降低。

再者，西向帶陽臺的屋子，晾曬衣物、被褥非常便利；傍晚時分，美麗的夕陽景色讓人心情愉快；冬日暖陽，會讓你感覺非常愜意。有了這些優點，西向房屋的風水自然變好。

朝北的房屋，受光程度最小，屋內陰氣較重：冬

季時，西北風直吹入大門，房屋寒冷難暖。因此，在風水上來說，算不上好風水。

但是，如果加上了陽臺，在冬天就可以達到擋風作用，讓強風不能直沖而入；由於陽臺通風較好，晾乾衣物也是很便利的。而且，在炎炎夏日，朝北的房屋是最陰涼通風的。

◆ 破舊樓房不宜入住

有的人為了貪圖便宜，租購破舊樓房來住，豈不知這樣反而會得不償失。破舊老樓，由於歷史久遠，積聚太多憂怨之氣，會讓人精神委靡，壓抑沉悶，疾病纏身，甚至惹上是非。

破舊樓房往往是藏汙納穢之地，積留大量的黴運之氣，常因無人居住而生機死絕，以致滋生凶邪煞物，人如果入住這種房屋，必然會受到邪惡之物的侵襲，輕則疾病叢生，諸事不利，財運不佳，重則破財凶傷，有性命之憂。

◆ 房內高度

房屋的挑高通常在2米8左右，再加吊頂、鋪厚地板之後，淨空高度可能只有2.5～2.6米左右甚至更矮，這樣的空間會讓居住者有一種心理壓抑感，長期居住對身心無益。因此，應儘量選擇層高在2米8以上的房子，不超過3米左右為佳，過高的話屋子顯得空蕩，對照明、冷氣的要求也相應提高，提高裝修成本。

◆ 廁所在大門內側

剛進入大門的位置被稱之為內明堂，也就是玄關所在的位置，玄關主管房屋的財運風水，代表進財的通道；如果把廁所設置在此處，污穢之氣必然會導致家財外漏，財運不來。

因此，選擇大廈時必須要避開此類房屋，如果已經購買居住，只能想辦法改善廁所環境，如擺放花卉植物、加裝排氣扇等，讓裡面通風排濕，保持空氣清新，

以免影響財運。

◆ 門前有垃圾堆

大門前不宜有垃圾堆，如果用的是垃圾桶，要加蓋子。垃圾會散發出臭味，等於是味煞。垃圾會滋生細菌，對人體健康不利，垃圾也會讓好運不上門，影響整體家運。

房屋外如果有污水池或坑洞，主人易破財刑傷，因為家人或路人容易跌落，門前不要有排水溝環繞，它與垃圾一樣會有味煞和病菌，會讓家人災病連連，官司不斷。

判別環境

◆ 如何簡單判斷大樓的吉凶

　　風水古籍中說：「前山為朱雀，後山為玄武，左山為青龍，右山為白虎。」又說：「一層街道一層水，一層牆屋一層砂；門前街道即明堂，對面屋舍即案山。」「高一寸即為山，低一寸則為水。」

　　一幢大樓的後方若有高大的建築，即為靠山，大樓住戶易得到上司賞識；左右兩旁若都有樓房，則以左方較高為吉，右方較高為凶。大樓的前方有明堂，就有利於財運，如有廣場、草地、公園等。明堂前方若有樓宇，即為案山，案山宜矮，可以聚明堂之氣。

◆ 毗鄰醫院

　　從環境方面說，醫院是看病的場所，是大量的病

菌出入之所，居住在這附近，對人的身體和心理都有不利的影響。在風水角度來說，醫院中的病人，都處於運氣不順之中，於是，醫院中就聚集了大量的衰運，這會影響周邊環境的氣場。

如果無法避開，只能想辦法化解。可以選擇住旺運之屋，以旺氣抵禦衰氣，或是有宗教信仰，以信仰增強房屋的能量與氣場。

◆ 毗鄰高速公路或鐵路

如果房屋附近有高速公路或鐵路，高速公路或鐵路會阻隔氣脈的流通，而且也會帶來噪音干擾。尤其是鐵路所用的高壓電流，會放射出電磁波，對家人的健康、生育、工作等各方面造成不良影響。

◆ 毗鄰高架橋

高架橋猶如奔流之河，它縱橫而架，對房屋的財

氣有很大的影響。而且，車輛經過時帶來的灰塵和廢氣會造成空氣品質下降和噪音干擾，家人每天都處在這種環境中，會導致神經衰弱、睡眠不好，間接影響到事業的發展。因此，高架橋附近不宜居住。

高架橋的轉彎有如一把鐮刀，樓房似乎會被攔腰切，這等於是沖了「刀鋒煞」，更加不宜居住。

但是如果居住樓層較高者，則對房屋的影響不大。

◆ 毗鄰監獄

監獄、派出所、戒毒所等地方，由於經常出入兇惡之人，充滿暴戾之氣和倒楣之氣。如果房屋在這些建築附近，容易犯官司、訴訟和是非之災。如果大門正對著監獄門，則更不吉利，氣場直接受阻，負面氣場會侵入家門。

不過，如果家中有人就在這些地方上班，則無妨礙，因為其本身就有壓制煞氣的能力。

◆ 毗鄰教堂或寺廟

　　從風水學上説，神前廟後屬於孤煞之地，陰陽相交，善惡是非多。前來燒香拜佛的人，不是來祈求富貴，就是請求佛祖能夠原諒自己的罪孽，長久積累下來，此地就會成為罪孽聚集地，怨氣太重。加上寺廟是神靈的寄託之地，很容易破壞人們的生存環境。因此，在寺廟附近居住是不利於事業發展的。

　　房屋附近如果有寺院、道觀、教堂或其他宗教場所，由於這些所在有純淨精神氣場，住在附近的人會感覺心態平和、情緒安定。但相對而言，財氣必弱，因精神和物質是相對立的。居住在這裡的人，相對較為清貧。

　　寺廟和道觀由於有超度亡靈的內容，容易吸引遊魂野鬼，導致陰靈聚集，因此住在這附近的人，可能會親緣不足，大多生活孤獨，性格上易走極端，或暴烈或善良。

　　教堂由於信仰一個神，對於遊魂野鬼並不歡迎，

所以不會有陰氣聚集的情形。對居住在附近的人的人際關係影響不大。

◆ 毗鄰殯儀館或火葬場

殯儀館、火葬場、墳場或棺材店等地方,是陰氣聚集的地方,對家居風水非常不利,對家人的健康有害。由於經常看到喪葬之事,對家人心理也會造成諸多負面的影響。不過,這類場所如果有財星飛到,陰氣即可轉化為財氣,對經商非常有利。

◆ 毗鄰尖塔或煙囪

高高的尖塔和煙囪可以形成「文昌筆峰」,這時,家中可能會出聰明才氣之人。但是必須配合八卦吉位,並且距離「文昌筆峰」至少要150米之外。如果距離過近,或不在吉卦位上,對房屋風水都非常不吉。

◆ 毗鄰建築工地

施工地段的機器喧鬧會造成聲煞，對附近的住戶會造成影響。特別是房屋外對應二黑巨門星的方位和五黃煞的方位，不可以隨便動土。如果有工程在這兩個方位，務必在這個方位掛上銅製的風鈴，每天敲六下，就可以化解煞氣。

◆ 毗鄰屠宰場

屠宰場是殺戮之地，充斥著怨氣和亡魂，對風水極為不利。住在附近，凡事不順利，社會治安也不好，家人健康也會出現問題。如果房屋正對著屠宰場，煞氣直沖過來，對家居更加不利。

從現代醫學角度來看，屠宰場容易滋生病菌，對周圍房屋的人體健康必然會造成不利的影響。所以，房屋應該儘量遠離這些地方。

◆ 毗鄰工業區

工業區往往有大量的機器運轉聲音，這樣的噪音會讓人心情煩躁，無心工作，休息也會受到影響。在風水學上，這屬於「聲煞」。

有些工業區會有巨大的煙囪，排放出大量的工業廢氣，對周邊的空氣環境污染可想而知。在風水上，這些穢氣屬於「陰煞」，不利於健康。

◆ 毗鄰高壓電塔

房屋附近有高壓電線塔、變電站、發射塔等，不利風水。因為高壓電塔或變電站會放射出很強的電磁波，嚴重影響人體的磁場。如果房屋離電磁波源不到百米，就容易發生強烈的干擾，造成睡眠不好甚至不孕、血液病變等嚴重疾病。

而發射塔是發射或接收電視、電話信號的，對磁場影響最大，並且形狀是尖的，有尖角煞氣。住在附

近，家人易發生意外傷害或精神問題。

◆ 毗鄰警察局

警察局在風水學上屬陽，是孤煞之地，所謂「孤陽不生，獨陰不長」。如果房屋對著警察局，則犯孤煞，會對家人健康不利，家裡多犯是非爭鬥。消防隊的大門為大紅色，如果房屋正對消防隊，易有血光之災。

不過，若家人在警察機關任職，則無此問題，因他的正陽之氣可擋各種煞氣。

◆ 毗鄰政府機關

政府機關屬皇氣，是至陽之地。政府機關包括各級政府、法院、檢察院等，它們與公安局一樣，是孤煞之地，因此，如果房屋正對著此類建築，家人易患精神疾病、易犯官司和是非、甚至發生血光之災。如果房屋正對的是政府機關的家屬院，則無此風水問題。

◆ 毗鄰學校

　　學校雖然聚集很多孩子，但孩子的陽氣偏弱，使學校成為陰氣較重的地方。特別是晚上，原本熱鬧的學校突然變得異常的安靜，甚至缺乏人氣，此時的學校就是極陰的場所。陰氣過重，會對運程帶來阻礙，而風水是很忌諱陰氣濃盛的地方的。如果居住在學校附近，可能導致財運不佳，遇事有阻礙。

　　化解的辦法是減少在家中擺設與水相關的物品，多開窗，讓陽光儘量照射進房屋。將電鍋設置在客廳的旺位，也能令家中生氣旺盛。

◆ 毗鄰戲院或電影院

　　戲院或電影院等娛樂場所，是人群聚散之處。當節目上演之時，人群聚集，陽氣充沛；而散場之後，一哄而散，這叫做「聚散無常」。

　　陽氣突然大量聚於一個地方，不久又突然全部消

失,這種場所的氣場極不穩定,這也會影響到住在附近的人,造成居住者運氣反復,工作運和財運變換不定。

◆ 毗鄰菜市場

住在菜市場附近,日常生活可能比較便利,但對於家運來說,卻不吉,主運氣停滯、宅運不穩。這是因為菜市場通常會散發出魚、肉的腥臭之味,這是一種味煞;菜市場的衛生環境較差,加上地面潮濕,容易滋生各種細菌,對健康不利,菜市場通常是各類動物的宰殺場,陰氣聚集,對房屋氣場自然不利。

◆ 毗鄰加油站

一般說來,加油站、鍋爐房都是火氣很大的地方,在風水上被稱為孤陽煞。與房屋臨近的變電房、高壓電塔、發射塔等也是孤陽之處,不適合居住,容易導致人脾氣暴躁,皮膚也容易出毛病。

化解孤陽煞的辦法，是擺放或懸掛一些瓷器或玉器，這些屬土的物品可以排掉強烈的火氣。

◆ 毗鄰辦公大樓

如果周圍的辦公大樓都很高，以致自己的房屋相對比較矮小，則向外的視野會被這些高樓所遮蔽，容易讓人產生被圍困的感覺，對將來的發展有嚴重影響。

另外，現在的辦公大樓多採用玻璃幕牆，如果房屋正好位於玻璃幕牆的對面，玻璃幕牆的反應會讓人產生一種壓抑感，再加上陽光在幕牆上形成的反射容易造成光污染，對人體健康不利。

如果周圍的辦公大樓都很高，以致自己的房屋相對比較矮小，則向外的視野會被這些高樓所遮蔽，容易讓人產生被圍困的感覺，對將來的發展有嚴重影響。

◆ 毗鄰公共廁所

▶ 房子前有公廁

　　無論是公共廁所還是垃圾站，都是陰氣很重的地方，在風水上被稱為孤陰煞。孤陰煞的濃重陰氣會嚴重影響人的健康，它們的臭氣不僅難聞，還會引來蒼蠅、蟑螂、老鼠等對健康有害的動物。

　　化解孤陰煞的辦法，需要在煞方安裝一盞二十四小時長明的燈，用燈光的陽氣來驅散陰氣。此外還需要隨時注意家中的衛生，才不會讓有害動物侵襲家人的健康。

外觀與命名

◆ 商鋪位址號碼

　　風水學認為，數字號碼對人們的運勢影響極大。因此，在為商鋪選址時也要注意商鋪位址的數字號碼所代表的吉凶含義，儘量做到趨吉避凶。

　　在風水學中，2，5，8，9，10一般是吉利的數字：2意味著容易，5意指與五個元素相協調，6代表財富，8意指致富，9意指長壽之意，10是確定之意。所以，像289號這樣的位址，它的意思就是：「容易致富」或「生意繁榮長久」。

　　與此相反，744則是指「肯定會滅亡」，或「生意一定不會成功」。數字4，因為它的讀音像「死」這個字，所以一般不要選擇。而數字1也不很吉祥，因為它會使得人變得「形單影隻」，不利於財氣聚集。

　　在為商鋪選擇數字號碼時也要注意，各國對吉祥

數字的定義都不一樣,中國人一般以雙數為吉,西方人則偏好單數;中國人和日本人都忌諱4因此發音與「死」相近,而西方人忌13……因此給商鋪選擇吉祥的號碼或門牌不可一概而論,需根據當地風俗選擇,方能使生意興旺。

◆ 商鋪招牌名稱

對於商鋪來說,招牌的設置和商店的命名都同樣重要。招牌必須在與店上的命理資訊相協調的吉祥時刻進行懸掛。如果店名意味著沒有運氣,則生意便不會興隆。

◆ 商鋪取名的原則

為零售店命名時,一般應遵循以下原則:

1. 容易記憶的原則

商鋪取名一定注意要方便記憶,只有這樣,才能

有利於顧客的識別，也會提升商鋪形象的傳播。

2. 暗示產品的原則

商鋪的店名應能夠暗含商鋪所經營產品的一些性能和用途，以利於顧客的認知。

3. 支援標誌物原則

標誌物在商店形象中，可被顧客識別但無法用語言進行表達。如果商店的標示物能夠支援和加強顧客印象，則商店的宣傳效果也會得到改善。

4. 啟發聯想的原則

這是指店名的設置一定要有寓意，使得消費者從中得到愉快的聯想，而非消極的聯想。

◆ 商鋪取名技巧

店鋪取名的技巧主要有以下幾點：

1. 行業命名

服裝行業、娛樂業商鋪的名字應盡可能響亮炫目，文化或音樂影像業則盡可能含蓄內斂。此外，老字

號應注意保留自己在消費者心中長期奠定的信譽。

2. 因地制宜

商鋪取名，應適當地考慮商鋪所在的地理和人文環境，避免出現「雞同鴨講」，造成語言上的障礙。

3. 上口易記

商鋪取名時，應充分考慮到消費者的接受能力，最好能建立在琅琅上口、簡單易記和便於傳播的基礎上，力求與消費者產生共鳴。

4. 品牌優勢

如果一種產品已經在本地建立起一種小範圍的品牌優勢，並且有一些自己的專業客戶群，得到當地的普遍認可，則在為商鋪取名時應優先考慮藉助自我的品牌優勢。

5. 業主愛好

業主的愛好有時也是商鋪起名的一個依據，業主根據自己的愛好或者個性對商鋪進行命名，不僅能增加顧客的好奇心理，而且可以藉此為自己帶來豐厚的利益。

財源尋求

◆ 用人流方向提升店鋪財運

　　繁華地段，人流量大，最適合做生意。但是，若不注意人流方向，就是吃大虧。比如：火車站的出口處，旅客從站中湧出，人流如潮。人流如河水，近水則生財，在這裡開飯店或旅店，當然是最好的選擇。若把店開在車站的進口處，財運定然不濟。

　　這就是來水和去水的區別。來水宜寬闊，去水宜曲折。這樣才能留得住聚氣生財。

　　對於普通的臨街店鋪而言，來水即入口，去水即出口。最適宜的水流方向是「龍方進，虎方出」，即左入右出，或者東進西出。這樣，水流方向與宇宙天體相協調，必然可以增強店鋪的人氣。

◆ 在商廈裡找出旺鋪位置

　　要想在商業大廈裡找出旺鋪，首先要認清「來水」。湧動的顧客即「水流」，他們會沿著扶梯或電梯這個通路而行。要仔細觀察人們從電梯出來之後，主要人流的方向、逗留地點以及人行速度。

　　如果人流經過商鋪時，是緩緩而行，這可以說是舒緩的「有情之水」，必然可以增強氣場，生旺財運。如果人流經過商鋪時，匆匆而行，那就是不吉的無情之水，無法聚氣生財。

◆ 佈置收銀機讓生意興隆

　　收銀機是商鋪的進財之位，如果在這裡精心佈置一番，可以說是事半功倍。

　　在風水上，貔貅、金蟾等物品是招財寶物，把它們擺放在收銀機上，可以達到招財的效果；也可以在收銀機上方懸掛中空的金屬風鈴，可以納氣招財。在收銀機旁的牆壁上裝設一面鏡子，可以映出雙位收銀機，代表財運翻倍。

▲ 金屬類風鈴

◆ 選擇旺財的店鋪

小型店鋪的旺財佈局和房屋一樣，主要考慮如何聚水旺氣。首先，要選擇那些明堂開闊的店面，店門前寬敞無遮擋，這樣才能聚水旺財；其次，選擇那些門前馬路環抱的店面，馬路為水，環水有情，則財運多聚。

店門前的明堂不宜出租給小商販，或者擺放其他東西。這樣做雖然能增加人氣，卻會分散商鋪的財氣。店鋪內燈光要明亮，不要因節省電費而讓店鋪顯得陽氣不足。

◆ 出入口旺財

　　大樓的出入口最好不要設在地下通道口的旁邊。作為城市交通立體化的一種形式，地下通道在城市交通中起著重要的疏導作用。為了充分利用資源，許多地下通道口都設立了商鋪。雖然同樣處於地下通道口，但是因為它的走向是從上往下的，這樣下沉式的格局在風水上比較忌諱，既不聚氣，也不聚財，還會將人流引向他處。

　　即使大樓的入口不在地下通道口旁，出口在地下通道口旁也不好，因為人流雖然從門口進入，但會很快從另一個出口流失。商業大樓接收不到人氣，運勢自然也就不會太好。

　　不過有一種情況例外，那就是通向捷運站的地下通道口。與普通地下通道的人流疏導不同，經過該通道口的人流會彙聚在捷運站中，而且捷運的進出站也會帶來大量的人流，人氣自然也就會旺起來了。

◆ 入口處擺放屏風

有許多公司在入口處設屏風，對屏風樣式的講究也很多，但並不是所有的企業都需要在入口處設置固定的屏風。一般小型企業空間相對較小，可利用花架屏風或關矮櫃種植常綠植株來增強公司的隱蔽性，從而達到轉化氣流的效果。但最好不要擺人造假花，容易給人造成其生意是假的感覺，影響財運。

在選擇屏風時要考慮兩個方面：第一是材質，最好是選用木質，包括竹屏風和紙屏風。塑膠和金屬材質的屏風效果則不好，尤其是金屬的屏風，本身的磁場就不穩定，而且也會干擾到人體的磁場。第二是高度，以不超過一般人站立時的高度為宜；太高的屏風重心不穩，容易給人壓迫感。

◆ 採光問題

採光良好是人們對所有房屋的基本要求，風水學的採光標準是：「孤陰不生，獨陽不長，陰陽調和，百事俱昌」。對於商業大樓來說，明暗適中的光線更有利

於運勢的提升。

　　如果一座商業大樓處於比較偏僻的角落，或是受到其他建築物的遮擋，無法接受陽光直射，因而光線昏暗。這樣的格局在風水中就是犯了陰煞，會導致員工精神不振，生意慘澹。在商業大樓中，光線過於陰暗的房間只適合用來作倉庫或是餐廳，不宜用作辦公。

　　然而，採光過於充足也會產生不利的風水影響，比如那些四面都採用玻璃幕牆的大樓。雖然這樣對採光非常好，但是卻容易導致陽氣過重，犯陽煞。過於明亮的環境會使人心神不定，解決的辦法是懸掛百葉窗或窗簾，以調節室內的光線。

裝 置 與 擺 設

◆ 商業空間裡財位的佈置方法

如果大門開在中央時，財位就在左右對角線頂端上。如果大門開在右邊時，財位就在左邊對角線，一般來說，財位的位置多在大門對角線的頂端上。財位的佈置方法主要是：

1. 財位忌凌亂震動

如果財位長期凌亂震動，就很難把財固定住。所以財位上放置的物品要整齊，不可放置經常震動的各類電視音響等。

2. 財位忌受汙受沖

財位應該保持清潔，倘若廁所浴室在財位或雜放在財位，就會玷污財位，令財運大打折扣，不但使財位不能招財，反而會破財。

3. 財位忌無靠

財位背後最好是堅硬的兩面牆，因為象徵有靠山可倚，保證後顧無憂，這樣才可藏風聚氣。倘若財位背後是透明玻璃窗，不但難以聚財富，還會有破財之災。

4. 財位不可受壓

財位受壓會導致家財無法增長，倘若將沉重的衣櫃、書櫃或組合櫃等放在財位令財位壓力重重，那便會對家宅的財運不利。

5. 財位忌水

最好不要在財位擺放水種植物，也不要把魚缸擺入在財位，以免見財化水。

◆ 商業財位的擺放

商業財位怎樣擺放才會比較適宜呢？主要有以下幾點：

1. 宜亮不宜暗

財位明亮的話，房子就會生氣勃勃，財位如果有陽光或燈光照射，對生旺財氣大有幫助；如果財位昏

暗,則有滯財運,需在此處安裝長明燈來化解。

2. 宜整潔

財位要盡理量保持整潔,避免通透,所以要儘量把其放在安全的地方,最好不要設開放式的窗戶,因為開窗會導致室內財氣外散。如果有窗戶,可用窗簾遮蓋或者關上窗戶,這樣財位就不會外散了。

3. 宜擺放植物

植物不斷生長,可令家中財氣持續旺盛,運勢更佳。因此在財位擺放常綠植物,尤其是以葉大或葉厚葉圓的黃金葛,橡膠樹、金錢樹及巴西鐵樹等最為適宜,但要留意,這些植物應該用泥土來種植,不能以水培養。財位不宜種植有刺的仙人掌類植物或藤類植物。

4. 宜放吉祥物

財位是聚財的地方,如果在此擺放一些寓意吉祥的招財物件,例如福、祿、壽三星或是文武財神的塑像,會達到錦上添花的效果。

5. 宜坐宜臥

財位是一家財氣所聚的方位,可把睡床或者沙發

放在財位上，在財位坐臥，會壯旺自身的財運。此外，如果把餐桌擺在財位很適合，因為餐桌是吃飯的地方，在吸收食物能量的同時，又吸收財氣，可以有雙重效果。

◆ 商業中有哪些開運植物

商人可以在財位，如會計部、收銀機、保險箱等金錢流通比較多的地方放些常綠植物，在室內的植物有兩種作用：「化煞」和「生旺」。代表「化煞」的植物為仙人掌等特殊植物，代表「生旺」的植物為常見的綠色長青植物。一般而言，辦公室比較適合養植大型觀葉植物，個人辦公桌可放些小型常綠植物。因此，一般職員可以在桌上放些小型綠竹盆栽，以求吉利。在東方位宜放置：玉蘭、柳樹、櫻桃、印度杜鵑花、歐丁香，香忍冬和山茶花，代表擁有家庭與健康。東南方宜放置：楓樹、花楸果樹、扁桃、桃樹、洋李、紫藤、玫瑰、梔子和鐵線蓮。代表著擁有財富和成功。擺放在南方，代

表著擁有聲譽與學識。在北方宜放置：玉蘭，蘋果樹、梨樹、繡球和牡丹，代表著擁有事業。

◆ 飯店的裝飾

飯店的裝飾主要是為了增加客流量，提高店鋪的生意，具體的措施有以下幾點：

1. 店面招牌

在店面招牌的處理上是很有學問的，要注意招牌的大小、材料、顏色、字樣，和店面的風水格局、店主的生辰以及店面周圍的環境。

2. 櫃檯放置魚缸

▲ 金魚缸

在風水中魚缸是鎮煞之物，就是說魚缸應該放在

凶方或放在朝向凶方的位置。

3. 財位的放置

依照「八宅派」法則，可相對簡單地定出財位，位置就在進門對角線所指的角落，一般説來，財位宜亮不宜暗，在財位上放置一棵常綠植物可達到催財的作用，但不能放置仙人球、仙人掌一類帶刺的植物。

4. 爐灶的放置

依照中國傳統「家相學」的説法，爐灶放置的基本法則是：坐凶向吉。也就是説，爐灶應放在凶方，而爐灶的開關應朝向吉方。

5. 洗手間

洗手間在風水上要壓在凶方，如果是多層的飯店，切忌讓樓上的洗手間壓在樓下的收銀臺上，或壓在辦公室，廚房等的上面，否則會產生很多不良的後果。

◆ 旅館的裝飾

旅館的裝飾是為了讓客人有一種賓至如歸的感

覺，達到均衡、甜蜜的效果。具體應注意以下幾點。

1. 有合適的方位

是指房間、餐廳和娛樂中心的安排須有靜動之間的過渡。入口前的場地要寬敞，最好有水景和植物，道路要有一定的曲度，不能直接通向室內。鍋爐房、洗衣房、廚房等要遠離客房部。

2. 客人進入的門廳要有足夠的光線和高度，樓梯不要正對大門，而應與正門成90度角。

3. 用景觀、藝術品和傢俱會加強旅館的吸引力。

◆ 商業中心的裝飾

舒適的購物環境將會能吸引更多的顧客前來。所以商店無論店面大小，都是為了讓消費者能選購的物品越多越好。不過在裝飾時要注意一下幾點：

1. 陳列

商店的東面可以擺放木器、電子器具和計算機；商店的南方可以用燈光、蠟燭進行裝飾，也可擺放一些

時尚用品；東南方可以放置書、旅行用品、DVD片，並且用音樂做背景；西方可以擺放一些娛樂品、寶石以及女性物品；商店的西南方可以擺放一些食品、織物、家飾品、嬰兒與營養品等，北面可以擺放一些飼料、玻璃製品、成人用品、化學物品、藥品；西北方可以擺放一些金屬物品、手錶以及男性用品；東北可以擺放遊戲物品。玩具、運動器械等。

2. 燈光

應採用柔和明亮的燈光，這樣會讓人感覺很溫馨，並且也會讓商品看上去更加美觀，有益於促進顧客購物。

3. 傢俱

店鋪中的展示櫃，最好是橢圓或圓形的。如果不是，則要在上面加一些蓋布來削弱過尖的角，以化解尖角煞。

4. 鏡子

鏡子的擺放，可以使空間顯得更大一些，並且也方便顧客使用。但是，店中的鏡子不可擺放過多，也不

要使鏡子對著入口或窗戶擺放。

5. 水景

安放綠色植物或者水缸可以達到淨化空氣的作用，並且還能達到很好的裝飾作用。

◆ 展覽空間裝飾

為了得到更多商業夥伴和商業資訊，大部分人會選擇去參加展覽會、展銷會。所以，在設計展覽場所時，我們就要針對這個特性來設計展覽空間。

1. 會客處

要儘量設計的美觀高雅，這樣會吸引更多的顧客。但不要太靠近大門，如果太靠近，會使行人有壓迫感。要在大門一側，但視線要好，能夠一眼看到顧客。距離以總長的1／3或2／3處為宜。展廳沒在轉角處最好。

2. 入口

可以設計在東、東南或南方，最好不要設在北

方。線條上並多使用豎直形的，這樣會加強積極的能量，如果條件不允許，可利用其他一些角落來進行能量的提升，如在西北角增加植物裝飾，在西部增加牆壁的黃色基調。

3. 用色

紅色和紫紅會吸引人的注意力，讓人情緒激動。綠色和藍色也比較獨特有效，會讓人的理性恢復。

4. 有可能的話設計一處水景

因為水能讓氣流活動起來，淨化空氣，因而能有效地增強能量。

◆ 書店裝飾

書店應裝修得古樸典雅，給人莊重感。陳列櫃也要整齊放置，給人以整潔感。而且書店的燈光要明亮，以方便讀者選擇圖書。

◆ 首飾店裝飾

因為首飾店一般是女性經常光顧的地方，所以應設計得時尚、溫柔，這樣會讓人更願意光顧。具體有以下幾點。

1. 色彩

不宜使用太過鮮豔的顏色，但宜明快高雅。

2. 陳列

商品放置應便於顧客觀察和試用。

3. 燈光

用局部照射燈光可以把商品的品質襯托得更加高貴。

4. 安全性

門用玻璃的話角要平滑，玻璃要有厚度和牢度。

◆ 美容店裝飾

美容店是是讓人發現自己美的地方，也是引領潮流時尚的地方，所以在裝飾上要注意以下幾個方面的問題。

1. 招牌

招牌是直接反映該店形象的「門面」，要注意顏色搭配，一般以深色為主體以引入注目為目的，而且招牌也是突出該店經營及形象的看板。

2. 店內裝潢

不管是設計成古典風格、現代風格、歐式風格、日式風格或泰式風格等，要根據裝飾風格表現出該店的專業氣氛，讓顧客接受、認可該店的經營理念，同時繪製出經營項目、價格，使顧客一目了然。

3. 商品陳列展櫃

商品陳列展櫃應安放在進門右側處，淺色為主體。人的視覺45度，陳列的商品是最容易推銷、外賣的商品，且要經常更換商品。

4. 店內色調

店內色調要以淺、淡色為主，使顧客感到輕鬆、舒適、溫馨，並具有信賴、安全感。深色會讓人感到不安，產生急躁與情緒波動。

5. 操作區

操作區是直接服務顧客的地方，一般占整個店面面積的3／4或2／3不等，要以寬鬆、乾淨、舒適為宜，還要考慮到顧客方便、暢通。鏡子要明亮，椅子、床鋪要精美，色調要統一。

6. 顧客座位

要求簡潔明快，舒適、乾淨。能看見電視、畫面，距離恰好。

7. 店內風格

要根據周圍的顧客群來設計，不宜過於豪華，那樣會讓顧客望而止步。

8. 毛巾的顏色及擺放

設計一個較具有美感的架子，毛巾整齊擺放其中。選擇100％全棉毛巾為宜，顏色最好選擇淺色。

9. 收銀台

收銀台需和整體店內設計相融合，以精、美、小為佳，背後應設計顧客寄存櫃，讓顧客產生安全感。

◆ 鞋店裝飾

　　鞋店的裝飾首先要注意鞋店的風格和定位，其次要注意女鞋賣場的貨架，接著要注意賣場的顏色，最後要注意賣場的線條。

　　鞋店的定位要確定好店的品牌是以休閒為主還是以正裝為主，是男鞋還是女鞋。如果是休閒女鞋的賣場應該給人以隨意、輕鬆的感覺，擁有對比強烈的色彩和絢爛的燈光，折放、正面、側面展示要互相穿插，可以給出節奏感強的背景音樂。貨架的擺放要在隨意中又有整體的感覺，正裝則反之。賣場的顏色要有女人味，淡藍＋白、紅＋白、紫紅＋白、駝色＋白、白、黑＋白等都是不錯的選擇。

　　賣場的線條要流線、纖細，燈光柔和，多點鏡子，因為女人天生愛照鏡子，當你這裡鏡子多的時候，就算她們沒有看你的鞋也會把她們吸引過來。而男鞋則以粗獷的線條，深沉的色彩為主，多用胡桃木等材料製作。

　　下面介紹的就是賣場設計的要素：

1. 賣場的色彩要統一

　　女鞋和裝修色彩要很和諧地融為一體，讓人一眼就能看出賣場的主色調。

　　2. 貨架擺放留出行走空間

　　分為主通道和副通道，其主通道寬度不得小於120釐米，次通道寬度不得小於80釐米。形象背景板正對著主入口或買場的主通道

　　3. 燈光的目的性

　　在女鞋賣場中燈光起著關鍵的作用，同樣一對女鞋打光和不設燈光出來的展示效果完全不同，特別是一些單件展示的高檔女鞋，一定要用投射燈進行烘托。

◆ 咖啡店裝飾

　　顧客進入咖啡店消費一般來說是為了放鬆心情，打發時光，享受片刻寧靜的。因此，咖啡店的氣氛需營造出溫馨感。具體有以下幾點：

　　空間的佈局：需要敞亮，整潔、美觀、和諧、舒適，要採用「圍」、「隔」、「擋」的組合變化靈活多

樣地區劃空間，滿足人的生理和心理需求，有利於身心健康。

1. 音樂

咖啡店的一個關鍵因素就是音樂，應選擇輕鬆的音樂作為背景音樂，聲音要輕柔，不要太大，也不要太小。

2. 燈飾的搭配

燈飾的顏色、形狀與空間相搭配，可以營造出和諧氛圍。吊燈選用引入注目的款式，可對整體環境產生很大的影響。

3. 掛畫

要選擇一些屬性為陰的畫面，要求畫面色調樸實，給人沉穩、踏實的感覺，讓顧客感受到寧靜的氣氛。

招 財 物

◆ **常見的招財物品**

常見的招財物品主要有以下四類：

1. 傳說中的招財獸

如龍子睚眥，性烈嗜殺，利於偏財；三腳蟾蜍，口能吐錢，扶助窮人；獨角貔貅，以錢為食，吸納四方之財。

2. 能生旺財運的能量物品

如五帝古錢，帶有盛世旺氣；水晶，能釋放能量，啟動磁場，白玉。

3. 與財有關的神像或物品

如財神；劉海仙人；運財童子；金元寶；清末龍銀；聚寶盆。

4. 取其形或取其音

如錦鯉、金魚，「鯉」與「利」同音，金代表

財，魚與「餘」同音。

◆ 貔貅招財

▶ 貔貅

　　傳說，貔貅是一種兇猛瑞獸，護主心強，因此有鎮宅辟邪的作用。傳說，它以財為食，可以納食四方之財，因此又有催財旺財的作用。通常，在家中擺放銅質製造的貔貅，會有很強的催財力量。不過，在請貔貅之前，要先開光淨穢。

　　擺放貔貅要注意幾點，一是貔貅頭要向外，從外面吸財，二是不能頭朝鏡子，有光煞，三是不能對著床，對主人不利。

◆ 吉祥畫招財

牆壁上掛上一些圖畫，可以賞心悅目，增加家居美感。但是，如果掛上一些吉祥畫，還可以達到招財的效果。

通常來說，以牡丹畫為招財效果為最佳。不過，向日葵花朵明豔，有太陽花之稱，充滿正面能量，如果懸掛在家中的玄關、客廳或六煞方，都可以達到提升家運，吸引財氣的功效。六煞方是財位不佳、受人陷害而破財的方位，更需要有如太陽般的正面能量。

◆ 風水豬招財

在十二生肖中，由於豬的外形圓滿，被古人當做財富的象徵，在古時祭祀儀式中，豬所代表的含義就是財源廣進。風水學說，「有形必有靈」，因此，豬具有招財的靈動力。但由於其眾所周知的生活特性，它不可招致尊貴。

為了最好效果，通常把風水豬擺放在財位上。當然，除了衛浴間之外，其他房間也可以擺放。風水豬的

材質以黃金為最佳，不過也可以用風水豬型存錢罐代替，經常投入零錢，也可以啟動財運。

　　不過，風水豬不可經常移動位置；由於巳亥相沖，風水豬對屬蛇的人無效。

◆ 葫蘆招財

　　葫蘆在古時常被用做器皿，用來盛水或酒。由於它嘴小肚大的外形，有吸納氣場的作用，因此成為常用的風水道具。如果把葫蘆懸掛在財位，就可以納進財富，且不易外流，達到守財聚富的效果。

　　用一絲紅繩拴住葫蘆，掛在客廳東南方的天花板上，離地約有三分之二距離，或者懸掛於房屋的西方。葫蘆的外形最好乾淨完整，以留有一段蒂頭為佳。若找不到真葫蘆，用銅葫蘆代替也可以。

◆ 花瓶招財

花瓶通常用來催動桃花運和姻緣，但是如果擺放合適，也可以為女孩子帶來財運。

用花瓶招財，要把花瓶放在桃花位。桃花位在房間或客廳的青龍位上，面對房門，右手邊即為青龍位。使用花瓶招財時，若能同時供奉觀世音，會有更好的效果。

花瓶要外形美觀，色澤光亮，裡面注入清水，插上色彩鮮豔而無刺的鮮花。注意，花瓶裡面一定要有鮮花，否則可能會招惹桃花劫。若插入塑膠假花，則無任何作用。

◆ 笛、簫招財

笛和簫是由竹子製成，取其節節高升之意。對於工薪階層來説，用笛、簫招財非常有效，可以通過不斷的晉升獲取財富上的增加。把笛子或簫懸掛在文昌位或文曲位上，即能達到招財的效果。

◆ 五帝古錢招財

所謂的五帝古錢指的是清朝順治、康熙、雍正、乾隆、嘉慶古錢。這五帝在位期間，國內相對比較繁榮和興旺，古錢經歷當時的盛世，吸取有興盛旺財之氣。因此具有化煞旺財之效。不過，古錢要使用真幣，絕不能使用仿製品。

真正的銅錢經過無數人之手，不免有污濁之氣，因此不能隨身攜帶，通常是鑲於大門之上，或者鑲嵌在臺階上、踏腳墊上，上面不可有物遮蓋。

古錢以順治、康熙、雍正、乾隆、嘉慶的次序，從右至左排列，銅錢有字一端向外，底部向內，橫向排成一行。這樣，就可以達到招財化煞之效。

◆ 「玉帶纏腰」法招財

最好的陽宅格局，就是有情之水相環繞。而我們所說的「玉帶纏腰」，就是指有河流或者道路在房屋前

曲折環繞。

當然，這裡所說的曲折都是「順弓」，房屋是在環曲之內。若是在環曲之外，那就形成了「反弓煞」，對房屋不吉。

玉帶纏腰的格局，對任何人都吉。無論是工薪階層，還是管理人員，都能夠積聚起財富。

◆ 三腳蟾蜍招財

相傳三腳蟾蜍原是一隻邪妖，喜愛金銀財寶，危害人間。後來，它被道士劉海收服，口能吐錢，來濟貧助人。從此，它被當做旺財瑞獸，用來招財轉運。

擺放三腳蟾蜍時，要把頭部朝內，不可朝外。要知道，蟾蜍口能吐錢，若向外吐錢，則有漏財之虞。

◆ 龍龜招財

龍龜，瑞獸一種，相傳為古代神龍所生之子，曾

背負河圖洛書。龜背、龜尾有制煞解厄之效，龍頭有賜福之意。

龍龜放在財位可催財，放在三煞位或水氣較重之地最有效。有些龍龜背部可掀開，可在裡面放入茶葉或米粒，能夠增強吉祥效果。

擺放龍龜時，龍頭朝向家內賜福；龜尾、龜背向外，以擋沖煞之氣；若放在老人房象徵長壽，則讓龍頭對著窗戶；龍龜招財，則須讓龍龜對大門或窗戶等氣口。

◆ 銅鈴招財

在風水上，銅鈴主要用來化解五黃之煞。但是，如果在銅鈴上加上小水晶和兩個小黃玉元寶，掛在門口，就可以達到開門見財之功用，因為水晶和黃玉具有納氣招財的作用。

安裝銅鈴的時辰有講究，應避開主人的生肖沖剋。比如，屬鼠的人不能在午時安裝，屬兔的不能在酉

時安裝,如右表所示。

◆ 麒麟招財

麒麟是用途最廣的吉祥神獸,主正財、旺事業、催富貴、辟邪化煞,因此,在室內擺放一對開過光的麒麟,會給你帶來祥瑞。

麒麟用於招財時,通常放於財位上。比如,公司的財位、董事長的辦公桌上、家裡的客廳財位、店鋪的財位等。臥室裡不宜放置麒麟,否則會影響夫妻感情。

麒麟以金制的力量最強,但價值昂貴,通常都用銅麒麟來代替,也利於化解五黃煞。

◆ 印章招財

印章象徵著個人的權力,在工作上有權威,主旺事業與財運。因此,可以利用印章來開啟個人的財運。經常使用印章,可以活絡財源、廣納財氣;把它收藏於

印章盒內，則可以達到鎮守財庫之效。

　　印章的材質，以天然玉石為佳。因為玉石本身就是財富的象徵，更加有利於開運招財。

　　印章代表本人和錢財，因此儘量不要破損和缺角，否則可能會有意外、車禍等災。印章字樣須清晰，字跡模糊可能會引起頭腦糊塗、判斷不清、容易破財。

◆ 龍飾招財

　　龍，是至尊吉祥物，代表富貴祥瑞，有生旺和化煞之效。但是，招財龍放置的位置有講究，隨意亂放則有可能引起反效果。

　　俗話說：龍困淺水遭蝦戲。因此，不宜把龍置於乾燥的地方，魚缸旁邊是個不錯的選擇。而且，龍頭的方向要面向江河湖海的方向，若房屋離水太遠，也難以吸取水中財氣。如果屋前有污水、陰溝，則不宜擺放龍飾，這會讓龍受辱。

　　如果屋內及屋外均無水，可將龍飾放於房屋北

方，北方水氣當旺，適宜喜水的龍。命格五行需金的人，可選擇金屬龍；五行需木的人，選擇青色龍或碧玉龍；五行需水的人，選擇灰色、黑色石龍；五行需火的人，可選紅色龍、壽山石龍；五行需土的人，可擺放黃色龍。

房屋中的龍飾，以一條、兩條、九條為吉。若有九龍，則須有一龍在中央為主龍，否則就是群龍無首，造成家庭混亂。

龍有威嚴之相，因此不宜擺放在睡房。特別是兒童房或生肖為狗的主人房，如果擺放龍飾，是非常不利風水的。

◆ 古銅錢招財

古代銅錢，在風水上有特殊的作用。它不但能用來化解房屋的煞氣，也可以加強自身的財運。風水上常用的古銅錢，是指五帝古錢和六帝古錢。五帝是指順治、康熙、雍正、乾隆、嘉慶，六帝加上了道光。

古錢也可以與其他風水物品搭配使用，如放在貔貅上，可以加強貔貅的旺財效果，放在麒麟上，也可以增加化煞的效果。

如果用於催旺個人財運，可把一串五帝古錢，按順序串好後，放於錢包或手袋內，也可用布絹包好隨身攜帶。五帝古錢能催旺運氣，也能辟邪化煞。

若是為了催旺家運，可將五帝古錢按順序鑲嵌在大門入口處。如果想加強效果，可用五套五帝古錢，分別在大廳四角和中心，按順序放置五枚相同的銅錢。面對大門，左角放五個順治，右角放康熙，後左放乾隆，後右放嘉慶，中間放雍正。

◆ 風水輪招財

風水輪是目前較為流行的旺財用品，它是由銅管和銅盆構成一個迴圈水系。風水上說，水能聚財，而五行之中，以銅為金。因此，這個設計的目的，就在於以迴圈流動的水生旺財氣，以銅盆來聚財。

有的風水輪上有燈泡，是為了增強陽氣，加速催財。風水輪上的小水盆，其數目以4、6、9為吉。依據河圖，6屬水，能加強水氣，而4和9五行屬金，能生旺水。

◆ 水晶碎石招財

水晶內含有大量的能量，能夠和人體的磁場相互影響，從而調整五行的平衡，改善健康、愛情、事業、財運等方面的運勢。

可在家中的財位上，放置五色（白、青、黑、赤、黃）水晶碎石，以增加財運和貴人運。也可自製一個小荷包，在包裡放置水晶碎石。將荷包隨身攜帶，它能產生源源不斷的能量磁場，讓你旺氣提神，增強本身的氣場，從而提升財運及事業運。

◆ 發財樹招財

什麼是發財樹？指的是那些有著厚葉的小型綠色植物，因為它們的厚葉片富含水分，因而是聚財的象徵。如果發財樹開花，則會帶來好運，因而要對其細心照料。通常發財樹需要大量的陽光和少量的水，適量添加鉀肥。也可以在發財樹下壓一張大面額的鈔票，以錢養錢。

◆ 水晶簾招財

珠簾不會影響空氣的流通，它的作用是用來擋煞和啟動氣場，因此水晶珠的密度要高，不宜太寬鬆，珠子間距以不超過一根手指為宜。在長度上，用來擋煞的珠簾通常要垂到膝蓋，在視覺上要能夠擋住所要擋的煞物。

各種顏色的珠簾，均有不同的風水效果，但通常不宜選紅色的珠簾。新購回的水晶珠簾，可先用檀香、沉香進行消磁處理。

一進大門，就正對著窗戶或陽臺，這種格局被稱為「穿堂煞」。由於氣流直來直去，無法停留在屋內，

說明家財難以聚存，留不住。

這種情況下，通常需要在中間擺設屏風或植物來化解沖煞。但若是懸掛水晶珠簾，不但能達到化煞的效果，更可以借助水晶簾的擺動，活絡氣場，啟動財運。

水晶簾本身能夠散發能量，改善氣場。因此，當兩個房門對沖，廁所門對著房門或餐廳時，都可以懸掛水晶門簾來化解煞氣或穢氣。

◆ 風水魚招財

在風水中，水主財，而魚與「餘」諧音，象徵「富貴有餘」，因此，家裡擺放魚缸可以增強人氣與財運。但是，魚缸的擺放很有講究，一旦擺放不宜，可能適當其反。

魚缸要放置在吉利的方位上，才能把吉利方位的靈動力催動，再配合自己的命卦及房間的坐向來做風水設計。養什麼魚和選擇哪種顏色的魚、魚的數目等等，都有講究，而不能根據個人喜好，隨意決定。

◆ 聚寶盆招財

▲ 聚寶盆

　　許多人為了提升自己的財運，都會在家裡或辦公室放置一個聚寶盆。其實，聚寶盆不一定非要是製作精美的工藝品，也可以根據需要自製。

　　選一隻黃色或橘色的甕，應肚大口小，將不同幣值的錢幣放在甕底，再放入五帝錢、朱砂、磁鐵，之後再將黃水晶碎石裝入甕中，直至八九分滿，最後在上面壓一顆水晶球或幾個元寶形的水晶。如果將聚寶盆放置在玄關或梳　檯下，更能增強財運。

◆ 霧化盆景催財

　　霧化盆景是目前較為新潮的催財物品，中間有石

山草樹，四周有水環繞，其中有噴頭噴射出極細的水線，形成霧氣蒸騰的現象，極為美觀。

風水學上認為，水主財。霧化盆景要放在屬水的方位，可以增強財運。忌水的地方則不可放置，如財神之下方等。

◆ 財神位置

▲ 財神像

安奉財神的位置，通常是在財位或者吉位。文財神通常放在進門後的左右兩邊，面向屋內；武財神應面向屋外或大門方向。文財神是送財的，面向外面，等於是向外送財。武財神面向外面，一方面可以招財入屋，另一方面可鎮守門戶，防止外邪入侵。

通常來說，文財神適宜文職或較為靜態的工作性

質，如公司或辦公室職員、店鋪生意等，均宜擺放或供奉文財神，想要官場得意，通常要供奉文財神；而商場競爭，則以武財神作靠山。因此，一些經商做老闆、軍人、從事武職或生意偏門、有投機性質的行業（股票、期貨）等，適合擺放或供奉武財神。

◆ 正財神趙公明

正財神趙公明是民間供奉最多的財神，在古代年畫裡面，趙公明頭戴鐵冠，手持寶鞭，黑面濃須，身跨黑虎，面目猙獰，因此人們又稱他為武財神。

最初，趙公明為專司秋天瘟疫的瘟神，這記在晉代《搜神記》當中。到了《封神演義》，姜太公奉元始天尊之命封神，把趙公明封為專司人間財富的財神。從此，趙公明成為民間百姓求財致富所拜之神。

◆ 文財神范蠡

文財神范蠡是春秋時期的政治家、謀略家、大商人，越王勾踐的士大夫。越國被吳國打敗之後，範蠡與越王成為吳王夫差的階下之囚。他輔佐越王臥薪嚐膽，重整旗鼓，滅了吳國。為防止兔死狗烹，他主動辭官隱退，更名陶朱公力治產業，積累家產數萬。

范蠡一生艱苦創業，積金數萬，善於經營和理財，又能廣散錢財，故民間百姓稱其為文財神。

◆ 武財神關公

關公就是三國時期的關羽，他是一個家喻戶曉、婦孺皆知的人物。他一生忠義勇武，為佛、道、儒三門所崇信。明清之時，更被尊稱為「武王」、「武聖人」。

百姓認為關羽是全能之神，能治病除災，驅邪避惡，民間各行各業都對關帝進行膜拜。商人們敬佩關公的忠義和守信，把關公當做發財致富的守護神。

關公像分為兩種，紅衣關公放在家中保平安，彩

衣關公放在店鋪可招財。

◆ 偏財五路神

　　風水學中，五路財神指的，是趙公明元帥、招寶天尊蕭升、納珍天尊曹寶、招財使者陳九公和利市仙官姚少司。路神，又指路頭、行神。五路，即五方：東、西、南、北、中，意思是出門有五路神保佑，可得好運，發大財。每年正月初五是五路財神的生日。古時百姓在四晚舉行迎神儀式，初五早上燃放鞭炮，歡迎財神。

◆ 「活財神」劉海蟾

　　劉海蟾，原名劉海，五代十國時代的人，曾為遼朝進士，後作為丞相輔佐燕主劉宗光。傳說他喜歡鑽研「黃老之學」，後被呂洞賓引渡，悟道成仙，雲遊於終南山、太華山之間。據說，他曾收服一隻三腳蟾蜍怪，

此怪以吞食金銀財寶為生。蟾蜍被收服之後，沿路為貧窮百姓吐金錢，人們感激他，稱他為「活財神」。

◆ 邪財神四面佛

四面佛，是婆羅門教的一位神，又稱為四面神。四面佛掌管人間的一切事務，其四面，分別代表事業、愛情、健康和財運。正面求生意興隆，左面求姻緣美滿，右面求平安健康，後面求招財進寶。也有一種說法是，四面代表四種功德：慈、悲、喜、捨。

四面佛要環視四方，因而不宜放在室內神龕中，更不可與其他神像並列放置，而要放在花園中、院子裡或天臺上，露天供奉亦可。

◆ 文昌帝君

文昌帝君，又稱梓潼帝君，是古代文人科舉考試的保護神。由於古時學而則仕，讀書人要改善生活，只

能通過科舉做官，因此文昌帝君又被奉為文財神。

　　文昌名稱來自文昌宮，為北斗六星的統稱，主管功名利祿。據《明史》記載，古時四川張亞子，為報母仇就遷往梓潼，幫助晉國打仗，戰死沙場。民間設祠紀念，後被道教吸收為神，在文昌府中主司祿籍。因此，後世所敬文昌帝君是文昌與梓潼的結合體。

◆ 福祿壽三星

　　很多人家喜歡在牆上張貼福祿壽三星的圖畫，把他們的神像放在財位上，也能增強財運。福星神的形象是手抱小孩，象徵福氣臨門之意。祿星神，身穿華麗官服，手抱如意，象徵加官晉爵，增祿添財。壽星神，手抱壽桃，象徵長壽安康。其中，只有祿星是文財神。

　　三星拱照，滿堂吉慶，能量更強大。

◆ 財帛星君

　　財帛星君是一個白面長髭的富態老者，他身穿錦衣系玉帶，左手捧著一隻金元寶，右手拿著「招財入寶」卷軸。

　　財帛星君，原是天上的太白星，屬於金神，他在天上的職銜是「都天致富財帛星君」，專管天下的金銀財帛，因此被民間百姓奉為財神。

居家

招財
開運

風水篇
Chapter 2

玄關

◆ 玄關的風水意義

　　財神進門之處和我們人進門的地方是同一處——玄關。玄關是一個過渡空間，是住宅室內和室外的連接點。現在我們都將這個地方稱作門廳、過廳，用於進屋換鞋、脫衣服，是一個緩衝空間。具體說來，玄關甚至可以接待訪客、接受郵件，也可以是放置皮包的地方。另外，有些人還把玄關看做一個溫差保護區，可以防止冬天開門時冷空氣直接進入客廳內。

　　風水學有「喜迴旋、忌直沖」的說法。如果大門直接與客廳、陽臺等相連相通，不僅居住者的隱私得不到很好的保護，前後相通的格局對居家也十分不利。

◆ 玄關的作用

玄關最基本的作用是防止旺氣外洩，讓氣流在屋內緩慢回流，達到藏風聚氣之效。其次，有的住宅門口犯煞，設計一個好的玄關，可以有化煞擋煞的作用。再次，如果沒有玄關，從門外經過的人可以一眼望到客廳，家庭隱私外洩，使人沒有安全感。

最後，玄關雖然和其他的房間相比，面積要小很多，但它的設計卻更加靈活，能讓你大展身手，發揮奇思妙想，給居家帶來別具特色的美感。

◆ 佈置玄關

風水上認為大門外和大門內的氣流性質不同，如果直接對沖會對風水有害，只有讓它們相互融合才利於風水。這就是玄關的風水功效，而只有在佈置玄關時注意以下幾個方面，才能真正營造出住宅的好風水。

1. 結構

由於現代居家都不會有太大的面積，因而玄關空間也不適合太大。否則玄關大而內室小，就如同門大室

小一般，不利風水。玄關過大，其他的房間也會感到局促，不利於有效利用空間。

2. 風格

對玄關進行裝修，應根據其本身的結構來決定其風格，不過最好是簡潔、大方。如玄關是一條狹長的獨立空間，則可以採用多種裝修風格。如玄關與廳堂相連，沒有明顯的獨立空間，可利用間隔將其分隔，並製造獨特的風格，也可以與廳堂的裝修風格相統一。如果玄關已經包含在廳堂裡，宜與廳堂的裝修風格相統一，與此同時應對玄關進行畫龍點睛式的修飾，為廳堂增加亮點。

3. 圖案

玄關的圖案最好能配合裝修的風格，儘量做到美觀大方，並注意使用帶吉祥寓意或有辟邪功能的圖案。如採用蓮花、獅子、龍鳳、魚、金錢等圖案，也可以擺放與這些圖案有關的飾品。地板要避免有尖角對著門的圖案，也不要讓木地板的紋理對著大門，它們同樣會形成凶煞，不利家運。

4. 顏色

玄關處的顏色宜淺不宜深，這是因為深的顏色容易使玄關看起來死氣沉沉，沒有活力。

5. 天花板

玄關的空間是空氣流通的關鍵，宜較為寬敞，如此才能利於家中的氣運。如果天花板太低，容易造成壓迫感，這就象徵著家人容易受到壓制，難有出頭的一天。因而玄關的天花板宜高不宜低，顏色宜淺不宜深。此外，玄關天花板安裝鏡子乃風水的大忌，應絕對避免。

6. 燈光

玄關處的燈以圓形為最好，象徵著圓滿。燈光宜採用白色燈光，白色燈光代表理性，是果決、理性的判斷力，因而利於家人成員使用錢財時理性一些。黃色的燈光則代表感性，感性讓人猶豫不決，不利於判斷，使用黃色燈光也易使家人在不知不覺中花掉錢財。

玄關佈置多盞燈時要將它們排列為方形或圓形，方形象徵著方正平穩，圓形則象徵著團圓，均利於家

運。切忌將它們排列成三角形，尤其是將三盞燈懸掛在玄關頂部，就會形成三枝倒插香的局面，為凶。

玄關處如果有橫樑會使人一進門就感覺壓力，玄關主管財運，這種壓力會影響全家的財運。如果無法避免，則需要在橫樑下裝設燈，將燈光朝向橫樑，利用燈光效果削弱橫樑的影響。

7. 牆面

玄關的牆面由於與人的視覺距離很近，因而通常只是作為背景予以烘托。無論採用哪種方式裝飾，都應避免堆砌，以點綴達意為最佳。此外，玄關牆面不宜凹凸不平，會導致空氣流動不暢，勢必令宅運出現諸多阻滯。

8. 地板

玄關處的地板應平整，同時要注意防滑處理，以免破壞家運，可用地毯遮蓋已經打磨光滑的地板。此外，玄關的地板下不能有地下排水管，否則會導致財水在玄關進行內外交流的時候受到污染，可能令家人有健康問題，使財路不順暢。

◆ 玄關的燈

風水學上說，光線可以引財，有生旺作用。因此，要趨旺財運，引財入屋，首先要保持玄關燈光明亮，玄關的燈最好經常點亮。

如果不能做到每天點亮，至少保持週末和每月初一亮著，大年三十到初五要一直點亮。這樣，才有利於吸引財神的光臨。若是新搬房，把玄關的燈點亮一週，可以達到化煞驅邪的作用。

由於玄關一般沒有採光的窗戶，只能採用人工照明，通常用白熾燈、吸頂燈和壁燈，不宜採用日光燈，因為日光燈在狹小的玄關裡會顯得刺眼。

玄關燈的數量也有講究，依據河圖洛書，以安裝三盞、四盞、九盞燈為吉，一盞燈有三、四、九個燈頭也行，可以有旺財之效。

◆ 玄關地板顏色

　　玄關地板的顏色以深色為宜，深色象徵厚重，地面顏色厚重，代表根基深厚，對住宅風水吉利。

　　如果不想地板顏色過於沉重，可用深色石料在四周包邊，中間部分採用較淺色的石材。

　　如果在玄關鋪地毯，宜選用四邊顏色較深而中間顏色較淺的地毯。

◆ 玄關處的鞋櫃

▶ 拉門式鞋櫃

　　一般來說，鞋櫃是玄關處最常見的設置，這是因為人們為了保持房間的清潔。

　　風水上認為成雙的鞋放置在門口是家庭和諧的象徵，因而入門見鞋是件吉利的事。

　　然而鞋櫃終究是難登大雅之堂的傢俱，因此鞋櫃

宜藏不宜露。

通常情況下，鞋櫃的位置不能直沖大門口，也不能面對著住宅外，一般都是在大門的左右兩旁。根據大門推動具體方向擺放鞋櫃，從左往右開的大門，鞋櫃應該設在左邊，反之則應該在右邊。

有些鞋櫃內設計的架子是向下傾斜的，在使用這種鞋櫃時，需要將鞋頭朝上，以取步步高升之意。如果將鞋頭朝下，就意味著家運可能會走下坡路。

◆ 鞋櫃必須有門

鞋櫃最好採用有門的鞋櫃，因為鞋子外露無遮護，首先會看起來不雅觀。其次，鞋子會散發出臭味，如果一進門便異味撲鼻，絕對是不吉的。如果鞋櫃被推開的門所隱藏，則沒什麼問題，只要自己不會覺得不方便就行。

◆ 玄關適合擺放的植物

在玄關擺放植物，不僅會給家庭訪客一個好印象，而且可以綠化室內環境，增加生氣，令吉者更吉，凶者反凶為吉。擺在玄關的植物，宜以賞葉的常綠植物為主，例如鐵樹、發財樹、黃金葛及賞葉榕等，如果玄關空間大，則適合大型植物加照明、有型的樹木及盛開的蘭花盆栽組合。而有刺的植物如仙人掌類及玫瑰、杜鵑等不宜放在玄關處。

如果玄關光線不佳、夜晚溫度降低、走道狹窄、空間小，則適宜擺放普通的開花植物。另外，玄關與客廳之間可以擺放同種類的植物，以便於連接這兩個空間。

不管是什麼植物，必須保持常青，如果葉子出現枯黃，要儘快處理。

窗 戶

◆ 窗戶的風水意義

窗戶在普遍意義上來說。是使室內空氣流通，保證居住者身體健康的。但是從風水意義上來說，窗戶與大門一樣，是住宅吸納旺氣的入口，住宅透過窗戶實現與外界的氣的交換。現在的大門前很少有寬闊的明堂，因此窗戶就成了與大自然交流的重要通道，在住宅風水中意義重大。

◆ 用窗戶提升運勢

窗戶是住宅的納氣之口，可以吸納外界的吉祥之氣，使居住者保持身心的舒泰，令其安居樂業、財運平順。

1. 常常開窗透氣

房間的窗戶要經常打開，保持氣流的通暢。如果窗戶正對著環繞的河流，更是上佳的風水之相，可以使居住者的名利及財運都得到提升。

2. 經常擦洗窗戶

窗戶是房間主要的光線來源，如果窗戶污濁，可能導致光線不能順暢地照入房間，更無法利用陽光對室內進行消毒。

在風水上，窗戶代表的是眼睛，窗戶是否乾淨，代表著眼睛是否乾淨。中醫上認為眼球屬火，眼白屬木，在身體上，心臟屬火，肝臟屬木，所以眼睛的健康與否與心臟和肝臟的健康狀況是有關係的。因而窗戶的乾淨與否，不僅關係著眼睛，還關係到心臟和肝臟。應經常保持窗戶的乾淨，這是利於身體健康的方式。

3. 擺放開運物品

窗戶是房屋與外界進行交流的一個通道，窗戶上放的物品，關係著房屋的風水。將適合的風水物品放置在窗戶上，能達到開運或化煞的作用。因而在擺放物品的時候要謹慎，因為它們可能會對風水產生生剋作用，

或帶來自己不需要的東西。在窗臺上可以擺一條金龍，並將龍頭向外，也可進一步增加運勢。

要注意的是，窗戶上不能堆放雜物，以免它們的雜氣和困氣會被窗戶上的氣流吹入屋內，進而對房屋的風水產生不利影響。

◆ 設置住宅窗戶的忌諱

在設立一個住宅的窗戶時有著許多的風水講究，一不小心就可能犯了風水的禁忌，為自己帶來凶運。

1. 兩窗相對

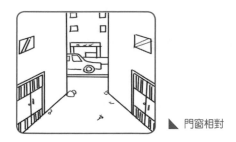

▲ 門窗相對

俗話說：「前後相通，人財兩空。」兩扇窗戶相對是最大的忌諱，容易使住宅內生氣流失，對身心及財

145

運不利。

2. 高度適宜

窗戶的高度要適宜,下邊要高於腰身,上邊不能低於身高。

3. 大小適中

窗戶大小要適中,太小顯得暗淡無光,影響室內採光,使人精神壓抑;太大則陽氣過於強烈,氣流難以聚集,不利於財運。

4. 數量適宜

窗戶的數量要適宜。太少,住宅內氣流不暢,氣場緩慢或者不通,使人感到憋悶;太多,則住宅內氣場容易外洩,導致家庭不和,事業不穩。如果已經開了過多的窗戶,應用窗簾進行遮擋,或是選擇關閉或封閉凶方的窗戶。

◆ 光線

平安健康的住宅,必須要求門窗大小適宜,才能

使室內空氣流通緩慢均勻，光線充足。

如果住宅的四周封閉無窗、空氣不流通、光線幽暗、室內潮濕的，即使方位再好，居住者也難長久地平安健康。

◆ 窗簾擋煞

風水學上，窗外如果有尖角的建築物會產生煞氣，最簡單的化煞辦法就是掛上窗簾。例如向上拉的羅馬簾，能擋住北面屬「水」的煞氣，鋁質百葉窗能夠擋住東及東南的「木」煞，水波簾可以擋南方的「火」煞氣。西北的「金」煞可用人造纖維簾，木百葉窗用來擋東北及西南的「土」煞。

◆ 窗簾佈置也需講究

東邊的窗戶，要選擇有柔和質感的百葉窗和垂直簾，可以透過淡雅的色調調和耀眼的光線，東南方向的

窗戶則要選擇鋁質的百葉窗，南邊的窗戶要選擇水波簾。能擋住南方的火煞，有利於主人的工作和子女的學業，西邊的窗戶要選擇人造纖維窗簾，北邊的窗戶適合用向上拉的羅馬簾，能擋住北面的水煞。

◆ 窗外陽臺鐵欄杆過密

現代住宅為安全起見，底層的住戶大多會在窗戶外面設置鐵護欄，但要注意的是，鐵欄杆不能過於密集，一則影響視覺效果，二則鐵窗過密會形成牢籠狀，導致氣流不暢，會使自家的運氣受阻。

走 廊

◆ 走廊的風水因素

走廊是連接各個房間的通道，影響著住宅內氣流的通行，因而風水中將它視為房屋的脈絡，關係著居住者個人的運勢。因此應隨時保持走廊的清潔和整潔，如果走廊的朝向能與宅主的命卦相配，則更為理想。

1. 格局

走廊要設置合理，太大太小皆不宜，既要保護每個房間的私密性，也不能浪費面積。好的走廊寬度應該在一米三以上，長度也不宜超過房子長度的三分之二，應該有欄杆，有屋頂，並有數根支柱支持。

此外，家用住宅設計走廊時不應讓一條長長的走廊連接多個房間，也要避免回字形走廊，更要避免讓廁所設置在走廊的盡頭，這會致使廁所的穢氣順利通往別的房間。

2. 燈光

走廊是社會地位和信用的象徵，如果太過暗淡，自然會降低宅主的社會地位和信用，因而適合保持光亮。保持光亮的方法首先是最好有陽光的照射，如果沒有就應安裝電燈，並儘量多地點亮，二十四小時長明是增強運氣的好辦法。燈光宜選用白色和黃色等淺色，燈光的排列應整體，置一到兩盞燈為宜。走廊燈壞了應儘快維修好，以免損壞宅主運氣。

3. 走廊佈置

走廊因為跨度大，通常會在中間出現橫樑。橫樑容易給人壓抑的感覺，走在它的下面不利家運。此時用假天花板可以化解橫樑給人的壓迫感，進而減少家運中的阻力。

許多人家為了在有限的空間製造更多的儲物空間，就將走廊的頂部做成櫃子堆放雜物。只要給走廊留足夠的高度，不給人壓迫感，就不會對風水不利。櫃內宜放衣物、棉被等輕便的物品，不宜利器、重物，以免給人造成心理壓力。

走廊上通常會鋪設地毯，但在混凝土上，卻是不適合鋪設地毯的。可以在走廊上鋪設板材，以代替地毯。如果一定需要地毯，就應該在走廊上先鋪上板材，在板材上再鋪上地毯。

此外，為更好地避免客廳對臥室的影響，分隔動靜兩個空間，人們可給客廳走廊安裝房門。

◆ 走廊設計

居室中的走廊只是一個小的通道，一般在兩側有房間、面臨庭院、通到廁所和浴室設計走廊。走廊不宜設計得太長，太長占地面積增大，自然會影響到經濟。走廊的寬度不能太窄，否則會影響家庭主婦的氣量，容易引起夫妻間的爭執。

◆ 走廊保持明亮

如果住宅的走廊太陰暗，會給過往的人帶來諸多

不便，這樣也不利於家人的工作運。家中的走廊要保持明亮，沒有自然光時可在頂上或者地面裝設一燈飾，不僅方便生活，還能帶來好運氣。

◆ 走廊需要安裝門

一般客廳通往臥室有一條走廊。如果客廳較小，就不宜在走道上安門，以免讓客廳顯得更加狹窄。如果客廳窗戶少，也不宜安門。如果客廳比較寬敞，就需要在客廳通往廁所和臥室的走廊上安個門。這個門的材質宜上虛下實，上面用玻璃，下面用實木。一方面可以保護隱私，另一方面又有通透感。

◆ 廁所設在走廊上

有的居室有著較長的走廊，為了節省空間，有時會把廁所設在走廊的盡頭。

風水上認為廁所設在走廊的盡頭是大凶之象，會

對家人的健康產生不利的影響。廁所只適合設在走廊的邊上。

◆ 走廊裡掛鏡子

　　有些住宅有很長的走廊。風水學上認為，家中走廊較長時，可在走廊兩側交錯掛上兩面平面鏡，這樣不僅能讓走廊在視覺上得到擴展，還能讓家中的氣脈暢通，給家人的健康和運勢都帶來有利的影響。

陽　臺

◆ 陽臺的風水意義

陽臺是住宅最空曠且與大自然最接近的地方，傳統風水學認為，陽臺飽吸宅外的陽光、雨露和空氣，是住宅的納氣之處。因此，對整座住宅的風水來說，陽臺具有相當重要的作用。

◆ 陽臺植物

如果從陽臺往外看，有不吉利的環境，可以種些植物來化煞。

一般帶刺的植物都具有化煞的作用。例如仙人掌，肥厚多肉，滿身尖尖的小刺。如果用它來當居家守護神，則需選擇植株比較高大的仙人掌。最漂亮的化煞植物當屬玫瑰和月季，還有形如其名的龍骨和玉麒麟，

都是化煞鎮宅的優選。另外，如果想有新意，就選擇種葫蘆。陽臺上除了種植化煞的植物，還適合很多植物生長，以旺宅。這些植物大多枝幹粗壯，葉片肥厚，而且常年蒼翠、生命力旺盛。常見的有萬年青、鐵樹、君子蘭、棕竹、發財樹、搖錢樹等。

其中，萬年青的枝幹粗壯，葉片肥厚。它的大葉片，像一片片伸出的手掌，接納陽臺外的福氣，對居家風水有強大的生旺作用。

鐵樹的葉子狹長，中央有黃斑，有堅強之意。鐵樹可以加強住宅的氣血，生旺風水。

如果在陽臺上只種一種植物，那麼隨便怎麼放都行。但是如果種了多盆植株，那你會怎麼擺放呢？植物的擺放也有陰陽之說，所以陽臺的植物盆栽要左高右低。如果右高左低，則陰陽失調，可能出現女主人霸道，小孩叛逆，公司下屬不聽指揮。另外，要將喜陽的植物放在前面，喜陰的植物擺在後面，採光各得其所。不過，陽臺是納氣的通道，不是花園，不能讓植物把光線都遮擋住。

除此之外，還要注意一點，那就是並不是所有的陽臺都適合種花草，所以，喜歡草花的人在選擇房地產時，最好不要選擇陽臺在東北方和西南方的房子。

這兩個方位的植物會給居住者的腸胃與運程帶來不良影響，東北方陽臺的植物會影響孩子的學業，而西南方種植物，還會影響女主人的運程。

◆ 陽臺上放洗衣機

由於現代住宅空間有限，不少家庭選擇將洗衣機放在陽臺上使用，如果放置的方位不對，其實是會對家運造成影響的。如果將洗衣機放在陽臺的正西方，是非意外和各種疾病就會很容易找上門來，如果放在陽臺的東北方，家庭成員的腸胃健康和小孩的學業都會受到影響。另外，如果要將洗衣機放在陽臺使用，排水口的位置也非常關鍵。為了防止漏財，正東、東南以及西南三個方位不能作為排水口使用，最好設置在東北、正西等凶位上。

◆ **陽臺上堆放雜物**

　　風水學說不能在陽臺堆放太多雜物是有原因的。作為住宅與外界的通道之一，陽臺也是重要的納氣通道，所以必須要保持整潔乾淨和氣流通暢。有的家庭喜歡將雜物堆放在陽臺上，這樣不僅會對美觀度和舒適度造成影響，還會破壞家人的整體運程，導致人際關係緊張等問題。因此，如果必須將陽臺作為儲物空間，則需經常進行打掃和整理，保持陽臺的清潔和開闊明亮。

◆ **陽臺上掛風鈴**

　　有些家庭為了美觀，喜歡在陽臺上懸掛風鈴，有風吹過，還會帶來悅耳的聲音。風水學認為，風鈴是常用的化煞或擋煞的物品，其所產生的聲音能夠震動空氣，進而帶動屋內的磁場化解煞氣。

　　在使用風鈴時，對其材質和方位都有講究，如果選錯種類或是掛錯位置，就會達到反作用，形成聲煞。

因此,在無法確定的情況下,不宜隨意在陽臺懸掛風鈴,以免造成對家人的不利影響,特別是對居室的女主人而言,隨便掛風鈴有可能惹來生理上的疾病,所以,在陽臺上掛風鈴是不可取的。

◆ 把客廳與陽臺打通

風水學中是不贊成把陽臺與臥室打通的。但在現代居家生活中,人們為了增加房間面積,也為了使客廳更寬敞明亮,可以把陽臺打通連起來。只是在設計過程中,必須考慮周全,使其既安全又順應風水之道。

第一,承重原則。改造時不要使用太重的裝潢材料,改造好以後也不要放大衣櫃、沙發和假山等。

第二,巧妙地將橫樑隱蔽起來。改造之後,陽臺和客廳之間的橫樑對風水不利,一定要處理得既美觀又沒有壓迫感。可以做假天花板,並在天花板上設置燈光效果。

第三,外牆不要犯風水學上的「膝下虛空」之

忌。外牆不要使用落地玻璃，那樣，人站在室內看外景時會毫無遮蔽。如果已經做好了落地玻璃，可以在玻璃牆前放置組合櫃作為矮牆的替代品。

◆ 陽臺上的燈飾

在五行上，陽臺屬金。如果陽臺空間大，可以在陽臺上設置魚池或水池，水代表財，這樣就可以增加財運。除了安裝明亮的吸頂燈或戶外燈式的壁燈外，還可以在水池內安裝一支藍光的水族燈管，幫助增加財運。

◆ 陽臺設遮雨棚

在為陽臺設置遮雨棚時，儘量不要設置垂簷，更要避免將垂簷做成箭形等尖銳的形狀。在風水中，尖銳的物體都會帶有沖煞，形狀尖銳的垂簷會對人的身體健康造成影響。因此，在必須使用垂簷的時候，也要將其做成弧形，以避免沖煞。

客 廳

◆ 客廳的風水意義

　　房屋和人一樣，也是有部位區分的，住宅的正中央就是人的心臟位置，專業名稱叫穴眼。穴眼凝結著整棟房子的氣，想要房屋宅氣旺盛，穴眼是關鍵。古人將穴眼稱為「皇極」，可見其在風水學上的尊貴地位。

　　出於穴眼的重要地位，我們該把這一地方留作客廳，接待客人，上下旺家。穴眼的位置一般在客廳正中心，因此此處不能放沉重的傢俱，例如沙發、電視櫃之類的，這樣做很容易壓住穴眼，沒有辦法凝結房子的旺氣和運氣，致使障礙和擁堵，給家中的日常生活不順。因此在裝修居家時要記得合理安排，讓穴眼氣息暢通。

　　如果一人居住，客廳的風水就只與宅主有關。如果多人合租住房，並同時使用客廳，誰的命卦與客廳的方位最合，就應以對他有利的方式進行佈置。一旦這個

人將住宅的好運帶旺了，其他人的好運也會跟著來。

◆ 客廳物品擺放禁忌

在客廳擺放物品應講究，才能趨吉避凶。

1. 適量擺放圓形物品

為了營造出一種團圓和諧的氛圍，客廳可多擺放一些圓形物品，因為圓形往往象徵著融洽、活潑。但客廳中也不能圓形氾濫，否則會製造動盪不安的反效果。切忌將天花板裝飾成圓形，會有無法動彈的壓迫感。

2. 櫃子要緊貼牆壁

各種櫃子必須緊貼牆壁，才能安全又節省地方。

3. 水景佈置不宜多

水景佈置不宜加入過多，以免使客廳陰氣過重。

4. 不要擺放奇怪的物品

來歷不明的古舊神佛，不宜擺放在客廳中；奇形怪狀的木偶、藝術品最好不要放置在客廳；表情兇神惡煞的雕像，動物的頭顱，不適合擺放在客廳。

5. 擺放的雕像要成對

如果要擺放木雕或石雕的獅子，一定要是公母成對，且一定要面向門外，才能達到鎮宅、避邪的作用。

6. 為植物和石頭上紅

植物或石頭最好為其綁上紅繩或點上紅漆，使其轉陰為陽。

7. 不宜放置貴重之物

保險櫃、金櫃不適合放在具有公共性質的客廳。

◆ 客廳要整潔

客廳擺放物品還有一個禁忌就是不能擺放成對的雜物，因為客廳作為住宅的心臟，一旦心臟中有雜質，就極不利於風水。然而客廳是家人逗留時間最長的地方，每個人都可能在這裡遺留物品，要保持絕對的整潔，並不容易。所以首先要讓家人都養成隨時收拾的好習慣，並定期進行整理。

客廳雖然不是用來儲藏物品的空間，但客廳最好

也設置一些櫃子來儲存公共區域常用的物品。只要這些
櫃子不太高，不會製造壓迫感，就可以在客廳使用。茶
几往往是擺放物品最多的地方，茶几的面上儘量少擺放
物品，一個果盤、一盒抽紙、一套茶具就夠了，別的東
西應收到茶几的下面。一個帶格子的籃子適合放在茶几
下收納雜物，遙控器可以放在專門的沙發扶手遙控器袋

◆ **客廳的地板**

　　客廳風水在住宅風水上有重要的意義，尤其是客
廳的地板，更是意義重大。客廳的地板象徵著自己的地
基，所以必須堅固。一旦發現地板有所破損，應立即補
換更新。另外，感覺寒冷的大理石等地板，可以鋪地毯
來化解。

　　此外，客廳的地板無論是哪種材質，都不能高低
不平，也不宜有過多的階梯。有些客廳採用層次分明的
設計，讓地板有高低變化，雖然看起來很別緻，但在風
水上是凶相。因為地板不平，除了給小孩或老人的行動

帶來不便外，還會使家運起伏坎坷。

◆ **地毯的風水作用**

　　通常茶几應選擇方形或橢圓形，以給人穩定的感覺。圓形雖然過大，但只要在空間上允許，也可以採用。最忌諱的是採用菱形的茶几，這種茶几的尖銳稜角會沖射坐在沙發上的人。

　　石材和玻璃材質的茶几象徵著穩重和權勢，被稱為開運茶几，擺放在客廳的西北角，可以使家庭的男主人事業穩固，擺在西南角，則會讓女主人掌握家中的當家大權。

　　另外，金屬材料的茶几因為不易潮濕，也很適合擺放在客廳，如果鍍上金黃色，也可以為家庭帶來財氣。

　　地毯雖然鋪在地上，卻經常覆蓋很大的一塊面積，在整體效果上能佔據主導地位。因而地毯是改變居家佈置最簡單的飾品，特別在喜愛使用地毯的冬天。一

塊漂亮的地毯，不僅有裝飾客廳的作用，更有藏風聚氣
的風水效果。

選擇地毯時應注意其圖案有和諧的視覺效果，不
會給人帶來刺眼或不舒服的感覺。為了與住宅和宅主相
配合，還應該根據住宅的屬性和宅主的需要來選擇顏色
和圖案。雖然地毯有改變風水的力量，但最好在客廳中
只使用一塊地毯，否則會令效果大打折扣，甚至適得其
反。

北方五行屬水，喜歡代表理性的藍色。在風水
上，波浪形的圖案屬水，屬金的圓形圖案則對水有生旺
作用。在客廳的北方，如鋪設藍色波浪形或圓形圖案的
地毯，有助於事業的發展。

東北方和西南方五行屬土，喜歡代表財富的黃
色。在風水上，格子圖案屬土，屬火的星狀圖案則對土
有生旺的作用。在客廳的西南方或東北方，如鋪設黃色
格子圖案或星狀圖案的地毯，能令財氣旺盛，使事業得
到發展。

東方和東南方五行屬木，喜歡代表生機的綠色。

在風水上，直條紋屬木，屬水的波浪紋則對木有生旺的作用。在客廳的東方或東南方，如鋪設綠色直條紋或波浪紋圖案的地毯，能對家運和財運達到正面的作用。

南方五行屬火，喜歡代表喜氣、熱情、大膽進取的紅色。在風水上，星狀圖案屬火，屬木的直條紋則對火有生旺的作用。在客廳的南方，如鋪設紅色星狀或直條紋圖案的地毯，能使家人充滿幹勁，能取得名利雙收的效果。

西方和西北方五行屬金，喜歡代表高貴和純潔的白色、金色、銀色。在風水上，圓形圖案屬金，屬土的格子圖案則對金有生旺作用。在客廳的西方、西北方，如鋪設白色、金色、銀色的圓形圖案地毯或格子圖案地毯，不僅能增強財運，還能促進人際關係，有貴人相助，甚至還有助於孩子的學業。

雖然地毯有改變風水的力量，但最好在客廳中只使用一塊地毯，否則會令效果大打折扣，甚至適得其反。

◆ 大門與客廳之間設玄關

大門與客廳之間設置玄關，不但可以保護隱私，還可以使從大門進來的氣流有緩衝，迴旋集聚於客廳，達到藏風聚氣的功效，給經常在客廳的人帶來好運。如果不設置玄關，門外的氣流直接沖入客廳，會影響家人的財運。

◆ 客廳燈飾

客廳屬陽，客廳的燈要夠高、夠亮使燈光散佈到客廳的每個角落。如果燈具比較多，應使用相同元素的燈飾，以保持整體風格的協調一致。

如果客廳面積比較大，可採用燈光來解決區域劃分，餐桌上運用暖色吊燈，沙發旁放一調光式落地燈，展示架和電視背景牆上安裝幾個小投射燈。

◆ 客廳有橫樑

　　客廳的天花板上如果有樑橫跨，會使坐在客廳的人感到壓抑，長時間會引起精神緊張，運勢不振，所以在裝修時，應將橫樑遮掩起來，或者在橫樑下面放高櫃子。橫樑下面不能放置沙發用來坐人。

◆ 客廳擺放過多的裝飾品

　　客廳如果堆放過多的裝飾品，容易堆積灰塵，影響氣流暢通，當然容易使人氣血不順，健康出現問題。所以，客廳的裝飾品，要以易清洗和擦拭的材料為主，造型簡單大方，突顯主人高尚的審美情趣。

◆ 佈置狹小的客廳

　　一般來說，由於客廳承載全家人在此共用幸福時光，並接待一定人數的客人的責任，客廳就應該是整所房屋中最大的一間屋。這是因為不夠寬敞的客廳勢必令家中成員不願久留，也會令客人感覺拘束，甚至可能因

此致使家人不和、人際關係失衡等問題的出現，但不是每家人都能擁有寬大的客廳，如果客廳相對狹小，就應在佈置客廳時注重簡潔、明快、通透，儘量減少客廳中的傢俱，以減少壓抑和憋悶的感覺。

此外，客廳如果狹小的話，不適合安裝門，否則就會有窘迫感。特別是客廳旁正好有通往客廳的通道，恰好能在視覺上增加客廳的空間感。窗少的客廳也不適合安裝門。窗少已經有礙氣流的流通了，如果再關上門，勢必使房屋內空氣凝滯，缺乏新鮮空氣。

◆ 樑柱

由於建築方面的原因，住宅中有時會出現樑柱。橫為樑，豎為柱。由於這些樑柱有著承重作用，所以，即使位置不佳，影響了居家的風水，也不能蠻橫地將其拆除，而只能用巧妙的方法將其隱藏。

如果柱子連著牆體，可以透過酒櫃的擺放將其遮掩，或是利用柱子與牆體間的空間做成陳列櫃，便可自

然地化解沖煞。如果是獨立的柱子，而且又離牆壁太遠，無法用櫃子將其與牆壁相連時，則可以在柱子上做文章來化解。

若客廳較大，可以獨立的柱子為分界線，兩邊分別鋪上地毯和石材，將柱子變成自然的分界線，使觀感更加自然。

另外，也可以在柱子的四周裝上木槽，種植易於室內生長的植物。為了節省空間，同時也使客廳的綠化呈現出立體的效果，可以將花槽裝在柱子中部，既美觀大方，又化解了突兀的柱子帶來的不利影響。

◆ 天花板

風水學認為，客廳的天花板象徵著住宅中的天。自然界中，天是光來的地方；也就是説天花板作為住宅中的天也應具有充足的光線，達到使室內光明的作用。如何使天花板達到住宅天的作用，主要是從燈光和顏色兩方面來佈置。

1. 燈光佈置

如果客廳光線不足，人們就應當在天花板上適當增加一些燈具的配置。燈應打向天花板，以利用反射的方式，將光散佈到客廳的每個方位。特別是日光燈的光線與太陽光最接近，從天花板反射出來，能增強客廳的陽氣。

2. 顏色佈置

要想讓客廳光線充足，客廳天花板不宜採用深色，應選用淺淡的顏色。這就如同在自然環境中天在高處為藍色、白色，地在低處為黑色、褐色，在家中也如此佈置符合自然之道。

◆ 客廳的主色調

客廳的色調選擇是客廳的佈置十分重要的部分，合適的配色能使人的感官舒適，也利於提升家庭財運。

到底憑藉什麼來決定客廳的主色調呢？由於客廳是家人聚集的場所，如果根據某人的命卦五行來配顏

色，可能對其他人有不利影響。客廳以窗戶為主要的納氣口，所以應以窗戶的朝向來決定色調。如果多方有窗戶，以太陽容易進入的一方為準。

◆ 客廳的傢俱風水意義

客廳在格局上有風水講究，其中的擺飾、傢俱、沙發及桌椅的顏色、形狀、材質與家運及事業運勢更加息息相關。

例如，沙發最好是一整套，不要用單個的沙發或者兩種沙發混搭使用。材質最好用具有陽氣的棉麻、纖維做成，顏色以光鮮亮麗最招財。

如果在客廳放一個大理石面的座椅，雖然打理起來容易，但時間長了就會對居住者產生煞氣。因為大理石是陰氣極盛的材料，接觸久了，就會心神不寧、是非多。可以在大理石面上做一個棉質的坐墊來化解。

◆ 客廳傢俱的選擇與擺放

作為在一所住宅中，客廳作為全家人團聚的場所，必須要具有極強的向心凝聚力。

1. 選擇堅實而舒適的傢俱

客廳作為一所住宅的中心，是使用率較高的場所。因此，客廳的傢俱應選用材質堅實的。而且沙發和座椅儘量使用高背款式的，不但坐起來舒適，也象徵著家庭生活有依靠和保障。此外，傢俱要注意保持整潔，以免聚積穢氣。

2. 將傢俱擺放成八卦形狀

要營造出一種圍聚感，需要注意客廳傢俱的擺放方式，宜將傢俱圍住客廳的中心，形成類似八卦的形狀。中央的擺放方式可以使一家人坐在家中時，相互面對，容易看到對方的表情，利於進行感情的交流與溝通，減少矛盾，促進家庭和睦團結。

◆ **選擇沙發**

在現代傢俱中，沙發有很多的種類。從座位數

上，有單人沙發、雙人沙發、三人沙發；從形狀上，有方形沙發、曲尺形沙發、圓形沙發；從材料上，有皮製沙發、布製沙發、藤編沙發以及酸枝木椅。纖維類、棉麻類等都屬於陽氣的材料，用其做成的沙發具有開運招財的作用。沙發的顏色種類更是多種多樣，其中金色、鮮黃、翠綠、銀色、紫紅等亮麗的顏色屬於吉祥色，也具有開運招財的作用。無論是沙發本身，還是靠墊、坐墊等，都要多選用這些顏色。

無論使用哪種沙發，切記要成套使用，不能將不同材料和不同形狀的沙發混用。沙發的數量也不宜過多，沙發以能容納五到六人比較適宜。

◆ 沙發前的地毯

沙發前鋪一塊厚厚的地毯，增加了溫馨的氣氛，使人坐臥更加舒適，心情也更放鬆。不過，這塊地毯的風水作用可不能小覷。它相當於住宅前的明堂，直接影響到客廳的納氣。

如果地毯的顏色、花樣搭配得宜，會使大廳產生不同的氣場與空間上的變化。因此在設置時有以下幾點需要注意：

1. 要選擇厚實的材質，在冬季能減緩空氣的流動，調節室內溫度。

2. 選用構圖和諧、色彩鮮豔明快的地毯，以紅色或金黃色為主色較為吉利；顏色單調的地毯過於冷清，會使大廳顯得毫無生氣，不利於氣的聚集。

3. 圖案要根據自己的屬性和放置的方位來選擇。如圓形圖案屬金，直條紋圖案屬木，波浪形圖案屬水，星狀、棱錐狀圖案屬火，格子圖案屬土。

◆ 客廳的茶几

常見的開運茶几，一般多用石材或玻璃，象徵著權勢的穩定。而金屬材質的茶几，不易潮濕，如果鍍上黃金色，還可招來財氣呢！

茶几的形狀，以長方形、橢圓形為佳，圓形亦

可,而帶尖角的菱形茶几最為不宜,特別是玻璃茶几,更忌尖角。

客廳的茶几,通常擺放在沙發旁邊或前面。從風水上來說,茶几擺放在沙發兩旁較為適宜,這樣的佈局猶如左青龍、右白虎相護持,讓沙發成為聚氣福地,符合風水之道。由於茶几的擺放取決於沙發的方位,茶几擺放在房子西北角,代表男主人的事業基礎穩固;如果在西南角則陰氣旺,說明家裡是女主人掌權。

因為在客廳中,沙發是主,宜高大,茶几是賓,宜矮小。沙發較高相當於山,而茶几較矮相當於砂水,山水有情,才符合風水要求。如果茶几的面積過大,有喧賓奪主之嫌,不利風水,最好更換。放在沙發前面的茶几,以低平為佳,茶几的高度不宜過膝。

除此之外,選擇茶几並不是千篇一律的,不同職業的人應該選擇不同的茶几,例如,從事創造、設計、演出行業的人,適宜選用木製的茶几;從事政界、金融等行業的人,適宜選用玻璃材料做的茶几;從事物流、運輸、外貿等行業的人,採用金屬銅製的茶几,從事教

育、美容、化工等行業的人，宜選用藤製的茶几；從事地產、餐飲、醫藥等行業的人，宜選用塑膠製的茶几。

因此，當你在給你的客廳選擇茶几時一定要注意風水的要求，千萬不能隨便選擇。

◆ 客廳組合櫃的風水意義

風水學認為，高者為山，低者為水。有山有水的佈局才是好風水的展現。因此，在客廳的佈局中不僅要有低的沙發，還應有高的組合櫃，以展現有山有水的好風水格局。

客廳中的組合櫃主要是用來放置電視、音響、各種雜物的，還可在上層擺放各式各樣的飾物，看起來既整齊美觀又實用。然而，人們常常掌握不好組合櫃與沙發的組合。

1. 組合櫃太高

如果客廳面積細小，擺放了這樣一個高身的組合櫃便會有壓迫擠塞之感。此時，可以改用半高身櫃，並

讓櫃頂與屋頂保持大約60公分的距離，就會使客廳的格局大為改觀。可不要小看了這60公分。這60公分的空間在風水學來說相當重要，因為有了這60公分的空間做緩衝，那客廳中的「生氣」便有了足夠的迴旋餘地，可以來去自如，也不會有阻滯了，整個結構都會變得靈活起來。

2. 組合櫃太矮

如果客廳中採用了低組合櫃，那麼沙發與組合櫃都是矮的，就成了有水無山的格局，因此必須設法改善。化解的方法就是在低組合櫃上擺放一張橫放的畫，使得組合櫃變相加高，至少比沙發高出一些，這樣既簡單易行也有效。

這些掛在低組合櫃上的畫，宜以山水作品為主，中式佈置的家庭宜選擇國畫，最好以意境深遠的高山流水為題材；西式佈置的家庭則宜選擇油畫、水粉畫等，宜選擇以意境閒適的森林湖泊為題材。

除了可以在低組合櫃上掛畫，也可以在裝修時把數塊層板分開釘掛在牆壁上，然後把飾物直接擺放在層

板上，也可符合櫃高而沙發矮的風水原則。在細節上，還要注意這些擺放飾物的層板應該是疏落有致地隨意排列，材料上無論是木板、石板或玻璃板均可，但是形狀上要求宜圓不宜尖，不可選擇那些帶有尖角的層板。

◆ 客廳裡的桌子擺放

客廳中間擺放桌子要選擇方形的，給人一種正直穩重的感覺。客廳的桌子不能選擇形狀不規則的，不規則的桌椅會給客廳的風水帶來不好的影響。在材料的選擇上，最好不要選擇玻璃製品，透明狀的物品總會給人不踏實的感覺。

◆ 空調的風水作用

空調在五行中屬於金，和冰箱一樣。由於空調所釋放出的風，會製造風水磁場，而且一般家庭用空調至少四個月以上，所以它對居家風水影響很大。但是，如

果空調不啟動，就不會影響到住宅的風水。

◆ 空調擺放方位

現代住宅在建樓時，已經給房間留好了空調的位置。如果想利用空調將居家風水營造得更好，就需要動一番心思了。

空調本身屬金，家庭成員哪一個需要金，就將空調放在成員所屬的方位，便是最有利的風水擺設。例如母親需要金，就把空調放在西南方。除了這種方法，還可以配合流年的財位擺放。當然，每年的財位不同，但空調不可能每年變動，所以，如果空調位於大凶方的話，就要在空調旁放置風水物，化解二黑五黃。

另外，讓空調的風口向上吹也會對居家風水有利。因為風向上，能使氣流由天花板旋渦而下，這樣動而不散的氣流形式最好。

◆ 客廳擺放神位

單純就方位來說，飲水機放北方是最符合風水之道的，能利於提升財氣。放置在西南方，能利於女性的財運；放置在東南方，也可以提升財運；放置在東方，對男性的幫助較大；放置在南方，則容易出現好壞交替的現象。

神位是極其神聖的地方，容不得有絲毫的不敬，因而家中要嘛不擺放神位，要嘛就一定要十分講究。

首先神位的坐向應該與房屋的坐向一致，神位也不可朝著牆擺放。在客廳中神位不適合擺放在樑下，不可以有柱子、牆角、屋角、水塔、電線杆沖射，不可對著廁所、廚房、臥室，其背後的牆不可使用爐灶或馬桶。

選擇好安神位的方位後，應選擇好吉日吉時安設神像，並恭敬地擺放。設好神像後，宜每日誠心燒香，初一或十五為其擦拭清潔，但不要任意移動其位置。供奉的神像不可太多，如果有破損應及時修補。

神像前切忌有吊燈遮住視線，也不能有日光燈直射。其前方不可放魚缸、鏡子，其下方不可擺放音響、

電視、座位、垃圾。神桌上不適合擺放藥品和雜物。

◆ 時鐘的風水作用

時鐘作為現代居家中不可或缺的一部分，它既有八卦的功能，也有風水的效應。尤其是帶鐘擺的掛鐘，鐘擺的搖動和指標的走動，可以給生活帶來節奏和規律感，也可以清新和提振家中的氣能。但時鐘是時常在動的物品，如果不小心放在了宜靜或兇險的方位，將對風水不利。

1. 時鐘的方位

時鐘不宜掛在客廳正中，容易讓人產生不吉利的感覺，所以最好掛在進門的側面，而且不要向著其他鐘錶、或是形狀與八卦類似的東西，否則會達到壓制的反作用。

根據風水學上的方向定位，時鐘可以掛在客廳的朱雀方和青龍方。朱雀方是客廳的前方，是視線容易到的方位，能使人方便地看到時間。青龍方是客廳的左

方，是吉祥方位，可以放置動的物品。而客廳的後方為玄武方，宜靜，故而不應懸掛時鐘；客廳的右方是白虎方，為凶方，也不適合懸掛時鐘。

2. 時鐘的顏色和形狀

客廳的各方位有其自己的屬性，如能與之相配合懸掛時鐘，能增強該方位的吉祥程度。

北方屬水，適合懸掛或擺放藍色、黑色為主的時鐘，形狀以圓形為最佳。東北方和西南方屬土，適合懸掛或擺放黃色、咖啡色為主的時鐘，形狀以方形為最佳。東方和東南方屬木，適合懸掛或擺放綠色、青色為主的時鐘，形狀以方形為最佳。南方屬火，適合懸掛或擺放紅色、紫色、橙色為主的時鐘，形狀以八角形為最佳。西方、西北方屬金，適合懸掛或擺放白色、金色為主的時鐘，形狀以圓形為最佳。

3. 時鐘的大小

居家環境通常不會太大，因而不需要選擇太大的時鐘。如果時鐘過大，容易導致人心緒不寧，坐立不安，長此以往，容易使人變得神經質。古舊的擺鐘不適

合在家中使用，一來它製造的巨大聲響容易使人受到驚嚇，易出現心神恍惚的情況；二來它巨大的體積有喧賓奪主的意味，可能導致家中長輩沒有威嚴，子女忤逆的現象。

◆ 養魚

金魚常被稱為風水魚，可彌補居家風水上的缺陷，並令住宅充滿活力。而水有生命之母之稱，是影響居家風水好壞的重要條件，房子就像人，有了水就可以氣場順暢，居住者也更加健康。所以，條件允許的話，最好在客廳放個魚缸，養幾隻可愛的金魚，即賞心悅目，又可以事事順心，何樂而不為呢？

客廳裡擺放魚缸非常有講究。第一，魚缸的大小須適中；第二，周圍不能堆放其他雜物，魚缸上邊不能擺放財神；第三，根據當年的財位元擺放，還要結合個人的命卦而改變位置，第四，不能正對著爐灶，因為爐灶屬火，與水相剋；第五，不能有死魚，第六，魚缸裡

的水必須是流動的，而且流動的方向要向屋內流，而不
是向外流。

　　儘管在家裡放魚缸可聚財，但是火命的人最好不
要在家裡放魚缸，由於水火相剋，對健康甚至生命都有
威脅。所以，想在家裡養魚的話，最好查一查萬年曆，
看看自己的五行喜忌，家中有禁忌者應避免放置該屬性
物品。五行喜忌火忌水、水忌土、土忌木、木忌金、金
忌火。居住者的五行有特別忌諱者，家中都應避免。

◆ 裝飾畫的選擇

　　現代居家中，牆壁掛畫也日益成為客廳佈局的一
個重要組成部分，一方面，它能增添客廳佈局的美觀
性，另一方面，它也是化解不良風水的好幫手。然而，
如果選錯了裝飾畫的圖案，就不僅達不到化解不良風水
的效果，還可能毀壞住宅的風水。

1. 顏色不宜太深

客廳不宜懸掛顏色太深或是黑色過多的圖畫，會

讓人產生沉重感，導致家人意志消沉。

2. 意境不能太蕭條

意境蕭條的畫也不適合懸掛，如深山古 、夕陽餘暉、大漠孤野、枯藤老樹等，容易給人暮氣沉沉、孤僻高傲的感覺，不利於人際關係和小孩人格的發展。

3. 兇險的猛獸畫不宜選

客廳的裝飾畫不適合有各種猛獸，牠們太過兇險的戾氣不利客廳風水，容易引起血光之災。

此外，客廳中也最好不要懸掛過多的人物抽象畫和紅色為主的圖畫，會影響家人的健康。在懸掛山水畫時，畫中的水流方向切記不能朝向門外。風水中一向有水主財的說法，如果水流朝外，會導致財氣流失。

總之，在選擇客廳的掛畫時，宜選擇寓意吉祥的畫作，例如「三羊圖」、「九魚圖」、「百鳥朝風」、「百駿圖」、「猴王獻瑞」等。另外，各種花卉和湖光山色的風景畫也比較適合掛在客廳。

◆ 客廳裡的鏡子

很多人喜歡在家中擺放鏡子。不過，我們一定要注意的是，客廳裡面是不可以隨便亂放鏡子的。尤其是客廳的對角處，在對角處放置鏡子，不但會阻礙家人的運勢，例如財運、學運等，而且還會招致意外災禍降臨，破財傷身，嚴重時還會人命喪生、家財破敗。

◆ 照片擺放注意事項

如今，越來越多的人喜歡拍照，不管是旅遊帶回的風景照，還是個人的藝術照，數量都相當可觀。很多人喜歡將這些照片懸掛或放置在客廳裡，以便與來家中的朋友一同欣賞。但是，風水學上認為，客廳不宜懸掛陰性的照片，例如夫妻恩愛的照片等，這些照片掛在客廳裡面，就是犯了風水方面的大忌。情況嚴重的時候甚至還會影響到家人的事業運和財運，還有可能導致夫妻反目。所以，千萬不要隨隨便便把照片懸掛在客廳裡面。

臥室

◆ 臥室的風水作用

現代科學研究顯示，人體本身產生的能量流不斷流動會形成一層「氣場」，相當於給人體穿上了一層盔甲，而這種「氣」在人進入睡眠狀態時最弱，也最容易被外界不良因素所侵入。

睡眠的地方都在臥室，而人每天需要6~8個小時的睡眠，這也就意味著人在臥室中停留的時間大約是6~8個小時，是停留時間最長的空間，如果不好好佈置臥室的風水，將對人體的氣造成很大的損害，進而損害人們的健康和運勢。

◆ 臥室大小

風水學中講究「藏風聚氣」，自古以來也有「宅

小人多氣旺」的說法，相對較小的臥室更有利於防止氣場的流失，確保身體健康。

如果臥室的面積超過了二十平方米，就變成了屋大人少的凶屋。因為房屋面積越大，人消耗的能量也就越多，這就是傳統的大房子會吸人氣的說法。人就會因耗能過多導致抵抗力下降，判斷力下降，精神不振。

◆ 臥室的形狀

風水學認為，臥室的形狀最好是方正的，有利於通風，但是也不宜太狹長。臥室的格局與感情有著密切的聯繫，如果臥室並非方正的格局，不僅戀情發展不穩定，還會導致戀愛雙方脾氣暴躁，缺乏耐性。尤其是狹長的臥室，會讓人變得孤僻、冷漠。

為了化解這種影響，可以設法將臥室變得規則。對於較為狹長的臥室，可以隔一個更衣室、儲藏室或者專門的工作檯。如果臥室有尖角或者斜邊，可以在尖角的地方用布簾加以掩飾或在斜邊設置擱架或書架。

◆ 臥室的主色調

從心理學的角度來講，臥室的顏色應該使用柔和的、避免有強烈刺激的色彩，如此才能利於睡眠。最好不要弄得五顏六色，宜統一色調。在看油漆色板的時候，應注意在色板上看起來比較淺的顏色，可能會偏深。最好選擇每個色板中最淺的那一種顏色，才不會在刷出來後產生突兀感。

但是，從風水學住宅方位的角度來講，臥室顏色的選擇可以根據臥室的朝向決定。

除此之外，臥室主色調的選擇還應匹配居住者的五行，以彌補居住者所缺的五行。

◆ 臥室的光線

一般情況下，臥室白天應該保持明亮，晚上可以適當昏暗，這樣才能讓人好好休息。

在白天，必須要讓陽光照射房內，不能長期不見陽光。如果房間經常處於光線弱的情況，人就會意志消沉，迷糊不清，做事不理智，還會造成情緒抑鬱，已經處於重壓力的人更是雪上加霜。同時不利於生病的人健康痊癒。

此外，如果光線過亮，會影響人的起居睡眠，難以放鬆，長久下來容易脾氣暴躁、引發爭吵。所以，窗簾布要使用隔光效果好的材料。

◆ 臥室的燈具

臥室的氣氛應該是溫馨、舒適的，所以要採用柔和的燈光，以便於閱讀為宜。燈光以暖色光為主，少用寒色光或螢光燈，這樣對夫婦感情有益。

一般來說，燈具的顏色，可選用乳白色或淡黃色，這些燈具接近光源的顏色，讓人感覺更加舒適。如果夫妻常有爭執，可以選用天藍色的燈具，因為藍色有祥和的作用，可讓人心境平和，享受溫馨。

◆ 臥室的窗戶

窗戶是臥室重要的藏風納氣之地，並對臥室光線的強弱有著十分重要的影響。窗戶如果朝向東或西，早上和下午會有強烈的光線射人，影響休息。如果窗戶能朝向南或朝向北則比較理想。

臥室窗戶不宜過多，它在帶人新鮮的空氣和明亮的陽光時，也可能會帶人煞氣。窗戶上最好能安裝厚窗簾，一來抵擋煞氣，二來隱藏私密，三來削弱強光，是減少窗戶危害的最好方法。臥室的視窗不能掛風鈴，否則容易令人頭暈，心浮氣躁。

◆ 臥室門

一個安靜、舒適的休息環境，才是好的臥室的展現。而門是隔絕臥室與其他環境的重要屏障，一定要有較好的密閉性。

門最好不要對著人來人往的大門，也不要對著產

生污濁的廁所或油煙四散的廚房。如果臥室門經常打開,而又對著大門、廚房、廁所,則應在兩者之間設置屏風或門簾,以將它們隔絕。

此外,臥室的私密性決定了臥室不適宜開設兩扇門。這是因為如果臥室有兩扇門,則如同房屋既有前門也有後門一樣。這不是能夠「藏風聚氣」的好格局,它會令從一個門進來的生氣,從另一個門流走,不利於財運。另外臥室是夫妻的居室,如果有兩扇門則如同給了更多的人進入的可能。這種漏氣的格局,不僅可能導致夫妻不和,嚴重的還可能招致爛桃花來破壞家庭。

◆ 臥室的鏡子正對著床

▲ 鏡子對著床位

因為鏡子具有反射和吸納的作用,所以常常用來

擋煞，把煞氣反射回去；或者是旺氣不足時，用鏡子來吸納旺氣。有些人將臥室裡的梳妝檯或衣櫃上的鏡子對著床鋪。其實，鏡子對床是健康和夫妻感情最大的死敵，應該儘量避免。

從健康角度來說，人在睡覺時氣場最弱，旺氣如果再被鏡子吸走一部分，第二天起床精神一定不會好。而且，半夜醒來，看到鏡子裡的反射也會嚇到。所以，最好把鏡子移開。

如果不怕麻煩的話，也可以找一塊布，睡覺時把鏡子蒙上，需要時再拿開。如果鏡子在衣櫃上，可以將鏡子移到門內。這樣，在穿衣服時，就能照到鏡子了。

◆ 床的高度

床的高度應該是以方便人上下為宜，選擇的標準是略高於就寢者的膝蓋，一般為40到50公分。如果床過高，會造成上下困難，而過低的話，則容易受潮，使寒氣和濕氣輕易入侵人體，難以安睡。

◆ 臥室裡鞋子擺放

為了方便，許多人喜歡將鞋子放在臥室，以便上街前選擇合適的鞋來搭配衣服。但穿著上街的鞋因在不同的地方經過，會沾染金、木、水、火、土五行之氣，致使五行雜亂，容易擾亂臥室的氣場。特別是鞋子可能帶著一些不好的氣場，更會不利於居家生活。

不過，沒有穿過的鞋子和在家中穿的拖鞋是可以放在臥室的。

◆ 地毯

在臥室中鋪設地毯時要注意一些要求。現在很多人為了讓居室充滿溫暖的感覺，會選擇在臥室中鋪設地毯。雖然地毯有柔和的觸感，但卻容易潮濕、生黴氣。

尤其是那些長絨地毯，是很容易滋生細菌的，會導致氣管生病。所以最好不要在臥室中鋪設地毯。如果非要鋪設的話，也必須經常清洗和晾曬，以減少其中的

濕氣和黴菌。

◆ 裝飾品

風水學講「萬物有其形，就有其象，有其象就有其意。」因此，臥室內不宜擺設兇猛的圖畫，及標本擺飾，如老虎、老鷹等，也不宜擺設刀劍等尖銳器物，甚至不要擺放像鐵樹、仙人掌等尖銳的盆栽。這些兇猛尖銳的飾物擺放在臥室，會引起是非，致使夫妻不和睦，家庭事端多。

此外，臥室裡擺放裝飾品的時候要注意選擇裝飾品的顏色，因為臥室裡不宜有金色，銀色等閃閃發光的裝飾品，鮮花不能擺放在床頭。床頭放花，會犯桃花煞。如果夫妻都有外遇，就會導致家庭破碎。

兒童房

◆ 兒童房的功能

臥室是成人的私人空間，同理，兒童房是孩子的私人空間，除了睡床、桌子以外，孩子還會在這裡堆放很多屬於他們自己的物品，這樣一方面可以給他們很多的自由發揮的空間，另一方面也鍛鍊了孩子的動手能力。

因此，要儘量選擇面積較大的臥室作為兒童房，佈置也以簡單為宜，這樣可以給孩子留下更多的活動空間。當然，房間還需要留下一定的儲物空間，用來存放玩具等物品，並以此來培養孩子自己收拾臥室的習慣。

◆ 兒童房兼作書房

為了節省空間，有的家庭選擇將兒童房兼作書

房，這種格局對孩子成長其實非常不利。在條件允許的情況下，孩子的臥室和書房最好分別是單獨的一間，而不宜將書房放在臥室內，否則會使休息和學習這兩種不同的功能相互干擾，不僅影響孩子的休息和睡眠品質，也會使學習的效率大打折扣。

◆ 兒童房的大小

臥室並非越大越好，同理，兒童房也不是越大越好。兒童房的面積應該比家長的臥室稍微小些。一般說來，兒童房的面積在十五平方米以內比較合適。對於先天體質較弱的孩子來說，兒童房還要更小一些，最好控制在十平方米左右，太大的空間容易導致人體能量流失。

在進行兒童房的地面處理時，首先要避免使用石材，一方面石材表面太光滑容易使孩子滑倒摔傷，另一方面是防止誤選含有放射性材料的石材對孩子的健康造成影響。

◆ 兒童房的顏色

從心理學角度上來講，顏色對孩子的心理健康影響極大。孩子如果長期處於大紅大紫或是深黑色的環境中，性格會變得暴躁不安。因此，要避免在兒童房中使用這些刺激性較強的顏色。

為了營造明亮、溫馨的效果，明黃、草綠、粉紅、淡藍等色都是不錯的選擇。要儘量保持天花板的平坦，以乳白色進行裝飾為佳，過於暗淡的天花板顏色會導致孩子精神不佳。為了保證孩子的身心健康，在選用兒童房主色調的時候要注意避開這些顏色。

◆ 兒童房的地面

為了避免孩子摔跤摔傷自己，有的家庭選擇在兒童房的地面上使用地毯，提高了安全性。但是，地毯容易造成粉塵的附著，進而引發支氣管和呼吸道疾病。因此，天然的木質地板是兒童房地面處理的首選材料，不

僅容易清潔，同時也擁有較高的安全性。

◆ 兒童房的天花板和四壁

兒童正處在一個決定性的成長期，想像力、創造力、獨立性處於一種學習的饑餓狀態，對新事物有著極大的興趣，從顏色來說，天頂和四壁要明亮淺淡，結合孩子的喜用顏色，例如喜水木，可用淺綠和淺藍為主色。可以在壁上掛一塊白板或軟木塞板，讓孩子有一處可隨性塗鴉、自由張貼的小天地。

◆ 兒童房的窗戶

為了保證孩子的安全，避免孩子從窗戶跌落出去，兒童房的窗戶最好不要採用落地窗。而且落地窗易使人產生巨大的空洞感，易讓孩子產生恐懼心理。

兒童房的窗戶最好能安裝窗簾，在孩子睡著後，能利用窗簾擋住窗外的聲煞和光煞。但白天還是應將窗

簾拉開，讓明媚的陽光和新鮮的空氣進入房內，給孩子
補充有利的氣場。

◆ 兒童房的照明

兒童房的照明尤其重要，兒童房的照明不僅討展
現出溫馨感，還應該充份考慮到孩子的個性特點和成長
的需要。孩子天性好動，檯燈、落地燈等的插頭容易造
成觸電事故，所以兒童房應該儘量多使用壁燈進行照
明。光線柔和的壁燈，不僅可以滿足兒童房的照明需
求，還可以為其營造出溫馨感覺。可以加上牆式調光開
關，這樣既便於孩子晚上開關電燈，又可避免孩子擺弄
導線造成危險。

另外，對於在入睡前喜歡聽故事或是翻閱讀物的
孩子來說，還需要有一盞亮度足夠的燈擺在床頭。為了
方便孩子夜間起來，還可以在兒童房內安裝一盞低瓦數
的夜燈。

◆ 兒童房的踏墊

生活中，人們還可以利用一些簡單的方法來提高孩子的學業運，例如在書桌下面鋪上一塊紅色的踏墊，就可以達到一定的生旺學業運勢的效果，使孩子在學習的時候保持清醒的頭腦和流暢的思維，取得事半功倍的效果。

◆ 兒童房傢俱的選擇

在為兒童房選擇傢俱時應充份考慮孩子好動的天性，也要注意傢俱造型的簡潔明快。為了營造出温暖的氛圍，金屬及玻璃材質不太適合在兒童房中使用。另外，金屬及玻璃材質的傢俱棱角較為尖銳，容易使孩子受到傷害，因此，木質的圓邊傢俱是最佳選擇。

傢俱的顏色應該選擇鮮明而亮麗的，它們對大腦具有刺激性，能促進孩子的大腦發育，開發智力。

另外，為了防止電磁波以及輻射的影響，兒童房

中儘量不要擺放電視、電腦等。

◆ 兒童房的空調

在五行中，空調屬金，其釋放的風會製造風水磁場，是室內的「生氣」。一旦開啟冷氣，就會產生很大的風水效應。此時就要注意空調的擺放位置，以免其產生不利學業的風水影響。

如果把空調設置在房間的北方，北方屬水，利用金生水的效應使房間的水氣上升。這樣一來，屬木的文呂位也將會被空調機運轉時產生的能量所帶動，不僅可以使人能夠增加冷靜思考的能力，還可以提高學習的效率，對需要考試的人來說尤其有利。

為了取得最佳效果，最好是將空調的出風口向上，冷氣吹出後由上而下，這樣既有利於居家的風水，也能避免冷風直吹引起的頭痛和感冒等問題。

◆ 兒童的床

在兒童房擺放孩子的睡床時，不僅要注意一些成人睡床的忌諱，還要特別注意床頭的朝向與孩子成長有著密切的關係。根據五行來看，如果床頭朝向南面、西南、西北或是東北方，都會對孩子的成長產生不利的影響，會導致孩子性格急躁、膽小怕事、早熟和粗心等。而東面及東南面屬木，孩子的床頭朝向這兩個方位，不僅利於成長，充足的陽光還對孩子的生長發育和健康產生非常有利的影響。

另外，正確的睡床朝向還可以促進孩子與家庭其他成員的和睦。將孩子的床位設置與父母同向，可以促進親子間的感情融洽。如果孩子有兄弟姐妹，將他們的床位擺放在同一方向，或許可以解決他們之間的矛盾和摩擦。

此外，為了讓孩子安心睡眠，兒童床不可設在橫樑下，不可面向有強烈陽光的窗戶，不可太靠近窗戶或落地窗，不可位於爐灶上下或廁所上下，不可頭朝房門，不可背靠馬桶，不可擺放神位。

◆ **雙層床**

▲ 雙層床位

　　為了節省兒童房的空間，也為了給孩子製造運動的機會，許多家庭選擇給兒童房設置雙層床。一般來說，四五歲的孩子可以開始使用雙層床，雙層床的上層作為孩子休息的空間，雙層床的下層則可以作為孩子玩耍、學習的空間。

　　如果家中有兩個孩子，使用雙層床就更為有利。如果家人床的朝向一致，能利於家人的和諧，雙層床可以使兩個孩子的床朝向一致，利於他們的團結。

◆ **佈置兒童床**

　　孩子正處在一個對世界充滿好奇的過程中，因此

孩子的床應該是舒適而具有吸引力的，這樣孩子才願意安睡。鬆軟的枕頭和天然布料的被子，會給孩子以親切感。在臥具的顏色上，多使用象徵和諧的藍色，可使孩子心情寧靜。可愛的卡通做臥具的圖案，會令孩子喜歡自己的床。

◆ 睡床擺放五忌

床為了維護孩子的身體健康，以及利於提高孩子的學業運，家長需要十分注重孩子睡床的擺放有講究，避開忌諱之處。

1. 不置於橫樑下

橫樑是房間中煞氣很重的一個地方，孩子的睡床首先就需要遠離它。

2. 不置於冷氣機底下

雖然夏天對著冷氣吹很舒服，但是也不能因此就把孩子的床擺在冷氣機底下，馬達的轉動會降低孩子的學業運勢。

3. 不將床頭對門

孩子的床頭不能正對或側對房門，氣的直沖會使孩子容易患上頭痛等疾病。

4. 不將床頭對廁所

如果廁所在隔壁，床頭也最好擺在與其相反的方位，穢氣相沖也會使孩子的學業受到困擾。

5. 不將兒童房置於廚房、神位、廁所的上方

如果是樓中樓式的住宅或別墅，還要特別注意上下層之間的格局，切忌使孩子的房間位於廚房、神位、廁所的上方，這些格局會導致孩子心煩氣躁，無法專心學習，影響學業的進步。

◆ 兒童房的書櫃

如何讓給孩子挑選一個能夠助旺學業運的書櫃？這就需要家長在為孩子挑選書櫃時，除了兼顧個人喜好的因素之外，還要注重材質問題，最好是選擇木質的書櫃。因為在風水中有木主春的說法，在孩子房間擺放木

質書櫃,可以增加房間中的陽性力量,而木頭也具備著一些柔性的特質,能夠幫助孩子獲得平和的心境,進而有利於學習成績的提高。

在選擇書櫃的顏色時,儘量避開過於跳躍和豔麗的色彩,適宜選擇一些較為深沉的顏色,例如深褐色、咖啡色等,都是非常適宜的,這些色彩所產生的厚重感可以使孩子的性格更加沉穩,以避免孩子產生急躁情緒。

在風水中,太高的書櫃會對健康產生影響,導致孩子身體虛弱。另外,如果書櫃太高,很容易形成壓迫書桌的格局,令孩子勞心頭昏、心神不定。因此,為了孩子的健康和學習,不宜給孩子選擇高大的書櫃。

◆ 為孩子選擇書籍

為孩子選到了一個助旺學業運的書櫃,接下來就該為孩子選擇適宜他閱讀的書籍。此時,需要注意的是,並非所有的書都適宜擺在孩子的房間。一旦擺錯了

書，不僅無法提高孩子的學業，恐怕還會帶來很多不好的結果。

1. 不要放置鬼怪的書籍

有的孩子喜歡看描寫鬼怪的書籍，認為其中的故事很刺激，其實這類講述鬼邪故事的書都有很重的煞氣，其所釋放的陰氣對孩子的身體和精神都有很嚴重的影響。

2. 不要放置色情、暴力的書籍

充斥著暴力兇殺和淫穢色情的書籍也切忌出現在孩子的房間中，這些書都含著過重的穢氣。一旦讓孩子接觸，其原本擁有的正氣就會受到侵蝕，而正氣的衰敗會導致學業運勢的下降，同時還會影響到孩子的神經系統，造成孩子經常做噩夢。

◆ **選擇書桌**

孩子的書桌和大人不同，要保證孩子的安全性，因此最好不要使用金屬的，木質書桌的柔和感能讓孩子

感覺親近，進而增強讀書的效果。書桌上可以放置文房四寶，用以增加讀書的氛圍。在書桌上放置水晶，能削弱電腦帶來的輻射影響，其溫和的磁場利於智力的開發，使孩子讀書事半功倍。

◆ 兒童房不宜放電器

風水學認為，電器會帶來不好的氣場，而且電器的使用會造成一定的危險，在使用的時候也會產生一些對人體有害的輻射。所以在兒童的臥室內，最好不要擺放電視機、錄影機、電腦、音響等對兒童不利的電器。

◆ 兒童房裡的用電問題

兒童房的用電是需要謹慎對待，為保證孩子的安全，兒童房的插座一定要安裝在孩子摸不到的地方，最好選擇有封蓋的插座，並且，兒童房的燈具一定要選擇兒童專用的，電線不要隨意放置，固定在牆壁上為宜。

此外，在兒童房安裝一套防護監控系統，如監視器或警報器之類的，有助於監護兒童的安全。

◆ 選擇玩具

孩子的成長中離不開玩具的陪伴，在很大程度上是玩具激發了孩子的動手能力和創造力。因此，玩具對孩子有較大的影響。風水學認為，為孩子選擇玩具時要注意玩具的五行屬性。

洋娃娃的五行屬水，絨毛玩具五行偏木帶水，動物玩偶的五行同真實動物的五行，模型和黏土屬於火土。如玩具車、玩具槍、遊戲機、電腦等玩具五行屬火，孩子玩火行玩具多了，脾氣會變得較為暴躁；木製玩具的五行屬木，能令孩子有溫暖愉悅的感覺，孩子多接觸會使其性格溫和。

但要注意那些會跑動的玩具，它們在家中四處亂竄，它們的五行屬性，可能為家中風水帶來影響。

◆ 玩具擺放

玩具作為孩子成長中的好朋友，應該被置於孩子的房間裡。

但在擺放孩子玩具時要注意選擇擺放位置，以免放置方位錯誤，可能帶來不利的風水效應，影響家運。

如擺放在西南方的玩偶象徵著孩子，這個方位玩偶的多少與孩子的多少有關，如果不想家中再添人口，切忌亂放置玩偶。例如兔子，原本是柔順的象徵，但如果放在西方，則有可能導致爛桃花。

因此，應該在兒童房中設置一個儲物箱，將玩具收納起來，這樣不僅避免了因玩具散亂而造成的混亂和安全問題，也能避免玩具的風水影響。

◆ 刀器的擺放

風水學上認為菜刀、水果刀、剪刀、刺針等是帶有煞氣的東西，不可隨便擺放，應該擺放在合適的位

置，最好是擺放在櫃子裡。

　　如果放在兒童房裡面，可能對孩子造成危險，而且擺放這些刀具對孩子的心理健康成長不利。

◆ 兒童房裡的鏡子

　　按照風水學的説法，臥室內是不宜擺放鏡子的，尤其是兒童的房間，就更不適宜擺放鏡子了。鏡子(和玻璃做的風鈴)易掉落破碎，會割傷孩子。而且，紛亂的影像和聲音會使孩子精神分散，還會影響睡眠休息。

◆ 兒童房的裝飾

　　針對孩子單純天真的天性，兒童房的裝飾應儘量簡單明瞭，過於複雜的裝飾會讓房間顯得凌亂。房間儘量不要掛各種奇怪的飾物和太多的風鈴，容易導致孩子神經衰弱。孩子的床頭最好不要擺放答錄機，否則容易導致腦神經衰弱。總之，兒童房的裝飾宜便於打掃，這

樣對孩子的成長有利。

◆ 糾正孩子胡亂塗鴉的習慣

　　許多孩子在學會用筆之後，就會喜歡用筆在房間的各處畫出各種線條之後，這就是「塗鴉」。但絕大多數孩子的這些塗鴉之作並不具有藝術家天份，因此常常弄得家中一團糟。但是，塗鴉是孩子的天性，正是孩子認知世界的一種展現，此時如果嚴厲地對他進行批評，可能會造成孩子的心理陰影，會不利其成長。

　　因此，最好的解決的辦法是在裝修時就先設計出一面專供他塗鴉的牆或為他準備一塊黑板或白板。鼓勵孩子在給他的畫畫空間作畫，並督促他畫完畫後收拾筆。如果他在其他地方作畫或不收拾好自己的物品，則可給予他適度的懲罰，如一段時間不讓他畫畫。

餐 廳

◆ 餐廳的風水作用

在一所住宅中，餐廳是一家人聚餐的地方，也是促進家庭成員和睦相處的關鍵。良好的餐廳風水，能促使家庭和睦、身體健康、財源廣進，凝聚家庭成員的向心力。所以人們要在家中設置餐廳，還應全家人每天至少在此處聚餐一次，才能達到融洽感情的目的。

◆ 餐廳方位

在進行房屋裝修時，人們就應該找出餐廳的最佳方位，再進行設置。風水學認為，餐廳應該在客廳和廚房之間，最好是位於住宅的中心，這樣的佈局不僅是備餐和進餐的最佳路線，也有利於增進親子間的和諧。

此外，如果將餐廳設置在宅主本命爵的四凶方，

能利於壓制凶方的煞氣。從方位上來說，餐廳適宜設置在住宅的東面、南面、東南面和北面。這是因為南面五行屬火，充足的光線可以使家道興旺，如火焰熊熊升騰，運勢旺盛。東方及東南方屬木，清晨從此方位升起的太陽象徵希望，可以提高活力和生機。北面屬水，能調和廚房中水與火的關係，使它們達到水火既濟的最佳狀態。

設置餐廳時需要注意的是：如果是樓中樓或多層的住宅，餐廳切記不能置在上一層樓的廁所正下方，否則會導致好運受到壓制。如果一進門就是餐廳，容易讓站在屋外的人看到家中的人員和情況，十分不利，也容易讓家人沉溺於美食，令志向短淺。

◆ 餐廳格局

風水學中認為，方方正正的餐廳形狀是好風水的展現。而且，長方形或正方形的餐廳也最容易裝潢。如果是缺角或不規則的形狀，就不適合做餐廳，或是在缺

角處的牆面上掛一面鏡子來補齊卦象。最好把餐廳的位置安排於客廳和廚房之間，或者是住宅的中心位置，這樣有利於促使家人關係更加親密。

◆ 餐廳左右兩牆的窗戶對開

有些人家為了保證餐廳的透氣性，加快空氣的對流，有利於餐廳菸酒味的散發去除，常常在餐廳左右的兩面牆上都開有窗戶，此時應注意這兩扇窗不要正對，避免財氣從一扇窗進來，又馬上從對面的窗子跑了，導致無法藏風聚氣。遇到這樣的情況，可以在窗戶上加裝上窗簾，而且其中一邊的窗簾要經常收攏，不能同時打開，也可以在其中一扇窗前放置屏風，來加強其藏風聚氣的效果。

◆ 餐桌大小

有人在居家佈置時為了營造一種豪華大氣的效

果，認為餐桌越大越好，為了追求豪華效果而購買大餐桌。但餐桌的大小應與餐廳的大小相匹配，如果餐廳大，則沒有什麼壞處，但廳小桌大就會導致出入不便，影響風水。如果家中就餐的人數不多，坐在大餐桌上也會製造人丁稀少的感覺。最好是家人坐上餐桌後最多有兩個空位的餐桌，它既能製造家人圍坐在一起的熱鬧感覺，也為可能到來的客人預留了空間。

◆ 餐桌的形狀

傳統的宇宙觀是「天圓地方」，因此風水學認為，人們的日常生活用具也應多以圓形和方形為主。傳統的餐桌形狀就是非圓即方。

1. 圓形餐桌

圓餐桌從外形上看像十五時的滿月，家人圍坐時更能展現團圓的氛圍，有利於人氣的聚集和家庭成員之間關係的和睦。

2. 方形餐桌

　　方形的餐桌四平八穩，四角無殺傷力，有穩重、公平之意，再加上又有四仙桌和八仙桌的說法，因此更加吉利。若家中成員較多，可選擇長方形或橢圓形餐桌。

　　此外，切記選擇有尖角的餐桌。如三角形餐桌，就可能導致家人不和，健康受損；菱形餐桌，則易導致錢財外洩。波浪形餐桌雖然不合傳統，卻沒有稜角，勉強可以使用。

◆ 餐桌的材質

　　在選擇餐桌的材質時，人們不僅要選用便於清理的餐桌材質，還應注意餐桌材質對人心理造成的影響。

　　一般來說，木質餐桌是餐桌的首先。這是因為木質的餐桌擁有環保、親和的特點，再加上來自山林的自然氣息，更有利於吸納。另外，從風水上說，木質餐桌十分溫和，無論是家人團聚吃飯，還是閒來喝茶聊天，都更容易產生親近感，使家庭和睦。

如果選大理石、玻璃等材質的餐桌，雖然兩者分別有華麗和晶瑩的感覺，很適合現代住宅的時尚風格，但顯得冰冷，人體進食後產生的能量會被迅速吸收，不適宜飯後久坐交談。因此，在選擇這類材質作為餐桌時，可以用大理石桌面搭配木質桌腳，透過這樣的組合方式來進行調和。

◆ 餐桌擺放

餐桌是家庭成員聚集吃飯的地方，應該放在相對安靜的地方，以保證家庭成員用餐時的心情。

因此，首先應避免把餐桌擺放在正對大門的位置，容易犯沖而導致元氣的洩漏，必須用玄關擋住。

餐桌也不能放在正對廁所的地方。一方面，廁所散發出的氣味會影響進餐的心情。另一方面，在風水學上廁所是「出穢」的不潔之地，聚集在此的陰氣會影響家人的健康。如果因住宅佈局而無法將餐桌擺放在其他的地方，則可以將一個養著開運竹或鐵樹頭的小水盤擺

放在餐桌的正中，用以化解沖煞。

◆ 餐桌正對神台

人神有別，因此不宜將餐桌對著神台。神臺上供奉的都是神仙和祖先，仙凡有別，人鬼殊途，故而不宜與現實生活著的人有太多親近的空間。

如果神臺上供奉的是佛祖、觀音等佛教人物，卻每日看著一家人在餐桌上大魚大肉，實為不敬。兩相犯沖，必定對人的健康有所損害，因而還是讓神台遠離餐桌為宜。

◆ 餐桌之上用燭形吊燈

前面講過客廳的白色柱子有蠟燭之意，因此視為不吉之兆。而在餐廳有一種吊燈是將燈做成了蠟燭的形狀，如同古老的歐式城堡中的蠟燭吊燈一般。但在東方，白色的蠟燭通常用於喪事，如在餐廳中懸掛燭形吊

燈，無疑是將一堆白蠟燭放在了餐桌上。就餐時與白蠟燭相對，會不停地在潛意識中對人的健康產生負面影響。因此，人們應在選用這種蠟燭吊燈時應避免選擇白色。

◆ 餐椅的數量

一般來說，餐椅的多少應主要根據家人的多少來決定。但在數目上，餐椅適合搭配為五、六、七、八、九張。其中五、七、九三個數為陽數，是幸運的數字，而六和八為傳統的吉祥數字。一般來說，餐椅應比家中常住人口略多出一兩張，利於客人到來時就餐。

◆ 安排餐廳座位

通常一家人聚餐都有習慣的座位，如果每個人都坐在了對自己吉利的方位，就是最理想的全家開運法。每個人根據命卦都有適合自己的四個吉利方位，至少應

該坐在其中一個方位上。

最好的安排當然是根據不同人的需要來安排座位。父親如果是家中主要的經濟支柱，則應將其座位朝向生氣方；母親主要負責家中關係的維繫和和睦，則應將其座位朝向延年方；讀書的子女要令文昌運興旺，最好朝向伏位；家中的長輩應保其健康，最好朝向天醫方。

◆ 不能將筷子插在飯碗裡

在的餐桌禮儀中，筷子的使用方式也是一項十分重要的飲食禮儀。如果你在吃飯時將筷子插在盛好米飯的飯碗上，是大不吉利的象徵。這是因為按照傳統的規矩，只有在人過世後做「七」時，才能將筷子插在飯碗上，以方便亡靈享用。如平時也將筷子插在飯碗上，會在潛意識中產生不好的影響，故而是風水中的大忌。

◆ 餐廳擺放物品

如果餐廳空間較為寬闊，人們可以選擇在餐廳擺放福、祿、壽三星，分別代表財富、健康、長壽。

人們應經常在餐廳放些水果，可以放代表富貴的橘子，也可以放代表健康和長壽的桃子，還可以放代表子孫滿堂的石榴。

因為餐廳是家中財庫的象徵，如果在餐桌的一邊掛上鏡子，透過鏡子的反射作用，映照出餐桌上的食物，可以使餐桌上的食物變多，達到加倍聚集食祿的效果，使財富加倍。

在餐廳擺設龜缸和盆景有助於增加餐廳的活力，令在餐廳就餐的家人心情愉悅。魚缸中的魚最好選顏色鮮豔的，數量應為單數。如果家中女主人的命卦水多，則應種植綠色的闊葉植物，以示生命旺盛、生生不息，助旺財運。

◆ 冰箱

一般來說，冰箱最好擺放在廚房裡。但有時候也

會因為廚房空間狹窄，難以擱置冰箱，進而選擇將冰箱擱置在餐廳，這時要注意將冰箱朝北擺放。按照五行劃分，南方屬火，若冰箱朝南擺放，則容易因水火不容而引發事故。北方屬水，朝北擺放則可以吸納北方的寒氣，是最佳位置。

◆ 酒櫃

▲ 酒櫃

酒櫃通常又高又寬，在風水上可以看作是一座山，按照吉方宜高宜大的要義，應該將它擺放在屋主的本命吉方。

為了使收藏的酒顯得更漂亮，酒櫃一般都會用玻璃材質當門面。因此切忌與神桌正面相對，因為玻璃會將神台的香火反照出來，犯了風水大忌。另外，酒櫃水

氣較重，而魚缸也多水，所以不宜將兩者擺放在一起。

◆ 餐具

一些人喜歡在餐廳懸掛一些大刀叉形狀的裝飾物品，雖然造型別致，但刀叉的形狀始終具有煞氣，應小心對待。刀叉是利器，在五行中屬金，即使是木製刀叉也有較多的金屬性。

西方和西北方五行屬金，如果將刀叉放置在這兩個方位，就會助長金氣的力量，可能導致家人受傷。如在東方或東南方懸掛刀叉飾品，則沒有太大的危害。

◆ 餐廳裡的空調

風水學認為，在餐廳裡安裝空調可以調控餐廳的溫度，使之冬暖夏涼，溫度適宜，但是在安裝空調的時候要注意一些問題。例如，餐廳的空調最好不要在餐桌的上方或附近等。因為空調使用後，裡面會有灰塵，直

接對著餐桌吹，灰塵就會吹到碗盤裡。

◆ 餐廳與廚房共用

　　風水學認為，有些人為了方便，將餐廳和廚房打通，或將餐桌擺在廚房裡，這是不利於風水的行為。正確的做法是讓餐廳和廚房各自形成獨立的空間。

　　廚房在風水上代表財源和財庫，是堆積財富的地方；餐廳則是一家人共用食物，消耗財富的地方。兩個地方有本質上的不同，如果連為一體，容易致使家庭在理財方面的混亂，家人也可能出現不理智消費的情況，負債和投資失利的機率會大大增加。

　　如果餐廳與廚房已經連為一體，應使用屏風來製造間隔效果。餐廳最好呈方正的形狀，這樣既方便裝修，又能令在此進餐的家人感覺安穩、踏實。如果餐廳出現了缺角的情況，應在缺角處安裝鏡子，以增加該處視覺上的空間，象徵性地對其進行彌補。

廚房

◆ 廚房的風水作用

風水學認為，陽宅三要素主要是「門、主、灶」，廚房是爐灶所在地，是住宅風水的重要要素之一，僅次於大門和主臥室。它不僅是全家人補充體能的地方，還代表著家裡的財庫。如果風水不好，一會招來家宅不寧，二會影響身心健康，三會導致財運受損，所以廚房的佈置、擺設一定要慎重考慮周全。

◆ 五行定廚房方位

在確定廚房方位時，人們需要考慮風水的五行原則。廚房屬火，因此宜找出與之匹配的五行方位，規避與其相悖的方位。

◆ 廚房地面

風水學認為，住宅的房間是有主次之分的，廚房隸屬於次房，因此在設計時宜低於客廳和其他房間。這樣，從廚房到其他房間，意為步步高升，否則就有退財去運的感覺。而從環境衛生的角度考慮，廚房地勢低於其他房間，可以有效防止污水倒流。

◆ 裝修廚房地面和牆壁

廚房的功能不同於其他屋子供人休息的功能，它是專門用於製作食物的地方，因此這裡常常油煙彌漫，整個房間都佈滿油漬。一旦不及時清理，就會令廚房變成藏污納垢之所。因此，廚房的牆面應貼上白色等淺色調的瓷磚，一來方便看清油漬所在的位置，二來可以方便清潔。

而廚房的地板上不僅可能濺到油漬，還可能有許多水漬，容易導致人們滑倒摔跤，因此應在廚房的地面

上安裝防滑地磚。但不應選用凹凸不平的石料做地板，否則不容易清潔。此外，還應在廚房地上設置一個出水口，最好在裝修廚房前，先對整體地面進行防水處理。

◆ 廚房的頂部

風水學認為，除了地面和牆壁外，廚房的頂部也很重要。因為廚房在使用的過程中會產生很多的熱氣，聚集在頂部天花板上就會集結為很多的水珠，所以一定要運用方木支架、塑膠扣板和鋁製扣板來對頂部做處理，這樣一來就能獲得好的風水了。

◆ 廚房死角

一般來說，廚房中最容易被忽視的死角是櫥櫃、牆角和水池下方等地方，這些地方往往灰塵積聚，還容易滋生細菌和蟲類，因此容易聚集穢氣，是風水上的必須重視的地方。

因此，在進行廚房的裝修時，櫥櫃要盡可能採用封閉式設計，並做到上吊頂、下靠牆，水池底座也儘量採用落地式封閉設計，這樣就能避免死角，既美觀衛生，又避免了在死角藏污納垢。同時，廚房應保持氣流的通暢，避免雜物的堆放在此處形成死角，阻礙人的活動，也影響氣流的流動。

◆ 廚房照明

無論是從風水還是從實用的角度來看，廚房都應保持乾爽、清潔和明亮，這就需要廚房具備充足的光線。如果由於建築不當的關係，使得廚房不能擁有充足的天然光線，那就需要人們增設照明系統來增加廚房的明亮度。一般來說，在設置廚房的照明時要注意這樣幾點：

1. 可調節

廚房的照明系統應該設置成可調節的，這樣當感覺燈光暗淡或者是刺眼的時候可以進行調整，以便使人

們在廚房中感到舒適而自在。

2. 多層次

一般來説，廚房的照明不應只安裝單獨的照明設施，而應安裝一個由不同燈具和光源組成的多層次的照明系統。例如，人們應該要在廚房的天花板上安置燈具，在灶臺上方的懸掛式櫥櫃地步也應安裝燈具，以方便烹飪時的照明。

◆ 廚房的色調

無論是從風水的角度、環境衛生的角度，還是心理影響的角度來看，廚房的顏色都宜選用白色。

從環境衛生的角度來看，白色可以表明衛生狀況好，一塵不染的廚房可以讓人對食物放心。

從心理影響的角度來看，廚房的色調和人的食欲有著密切的關係。色彩能夠在潛意識中調動起人的情緒，在用餐時，無論哪種情緒被調動起來，都會對食欲產生抑制，進而干擾到進食。白色是所有色彩中最簡單

的,有助於情緒的平復。

不管是端菜還是盛飯,當人走進廚房時,廚房四面的白牆能夠使飯前各種激動的情緒漸漸平復,使人的注意力轉移到飯菜上,進而喚起食欲。在進行廚房裝飾時,選擇適當的色彩可以有效地改善視覺和心理。

自然,廚房的色彩除了選用白色為宜之外,也可以選擇其他淺色調的顏色。如果廚房空間較小,宜選擇亮度高、色調淡的顏色,這樣可以產生舒適寬敞的感覺。反之,對於高闊的廚房來說,選擇較深的顏色進行處理,可以去除廚房的空曠感。

廚房朝北,可以選擇偏暖的色彩,可以提高室內的溫度感,使空間顯得熱情活潑,也可以增強食欲。

為了避免夏季時陽光直射帶來的炎熱,朝東南的廚房可以儘量多採用冷色調來裝飾,既顯得寬敞舒適,又達到了降溫涼爽的效果。

從風水學的角度來看,廚房的顏色使用白色是涵養福氣的象徵。

◆ 廚房門

在居家風水中，廚房門的風水也是極其重要的部分。《陽宅三要》中說：「開門見灶，錢財多耗。」因此，廚房門如果正對住宅大門，會有損健康，並導致運氣反復，不易聚財。

廚房門正對著臥室門，油煙容易沖進房間，使人頭昏腦脹，引起脾氣暴躁。灶台是財庫，廚房門如果正對著灶台，在風水學中就被稱為財露白。要是廚房門長期敞開，而且一眼就能看到灶台，那就代表錢財流失，要儘量避免。

◆ 爐灶方位

安置灶台要選擇吉祥的方位，設置爐灶時也要注意避開一些不易設置爐灶的地方。

1. 不要放在橫樑下方

作為烹製食物的地方，爐灶不宜設在橫樑下方，

否則不僅有受壓制的感覺，爐灶散發的熱量還會直沖橫樑，表示頭上發熱，造成全家不安。

2. 不要放在水管下方

爐灶不能位於水管的下方，水火相沖，會影響財運。

3. 不要置於廁所下方

爐灶不要位於上一層廁所的下方，廁所的穢氣會影響爐灶。

4. 不要讓爐灶無所依靠

在安放爐灶時，背後一定要是實體牆，不能安放在玻璃牆或其他沒有依靠的地方。否則，灶後虛空無所依靠，會影響灶主的家庭健康、婚姻和功名等。

5. 不要置於廚房中央

爐灶不適合設置在廚房的中央，否則它會導致廚房中心火氣過旺，進而影響家人情緒，可能導致家庭失和。

此外，也不可在抽油煙機和爐灶之間開窗，否則會漏財。

◆ 爐灶與洗碗池

按風水的五行來看，爐灶屬火，因此應避免一些屬水的物品，以避免水火相沖，破壞宅主的運勢。而在廚房中，最明顯的屬水的物品就是洗碗池，因此宜將爐灶與洗碗池呈垂直擺放，如果順排擺放，至少中間要留一個可以切菜的緩衝帶。

如果不能設置緩衝帶，至少應該擺放一個盆栽來緩和。特別是不能將爐灶放在水槽和冰箱之間，雙水夾火，可能導致禍事不斷。

此外，洗碗機、洗衣機等電器也屬水，也不宜緊鄰爐灶擺放。冰箱的屬性比較複雜，它既有水的屬性，也有金的屬性，因而爐灶至少應與它保持三十厘米的距離。

◆ 懸掛式櫥櫃

無論是從風水的角度還是從人身安全的角度來

看，懸掛式櫥櫃最好不要位於爐灶的上方，主婦做飯菜時，櫥櫃就如同一道橫樑壓在主婦頭頂，影響主婦的身體健康。櫥櫃也不適宜離爐灶太近，它可能致使油煙無法有效地散失，油煙也會從縫隙中鑽進櫥櫃，形成油漬。這既不利健康，也影響美觀。櫥櫃與爐灶之間最好有80~100公分的距離。

◆ 廚房的冰箱

▶ 單開式冰箱

在無形中，爐灶屬火，冰箱屬水，而爐灶屬火，水火相遇必損運勢。因此，冰箱不宜擺放在正對或緊鄰爐灶的位置，容易導致家人身體不順。

在避開爐灶的情況下，冰箱最好是朝北擺放，既可以納北方的寒氣，又可以避免因水火不容而產生的家

庭口角。

　　冰箱的五行中還有金的屬性，因而如果家中有成員的命卦中缺金，就可以將冰箱放置在該成員所屬的方位上。這個方法也可運用到其他房間，如缺金的是家中的宅主，就可以將冰箱放到客廳，以增強其金運；如缺金的是家中的兒子，則可以將一個小冰箱放在其臥室的櫃子中。

　　此外，要注意的是，儘管冰箱是冰冷而笨重的電器，但它並不適合置於住宅凶方來壓制惡煞。這是因為風水學認為，凶方的禁忌是宜靜不宜動，而冰箱是家中運轉時間最長的電器，幾乎二十四小時不停歇，將其放置在凶方，無疑會攪擾凶星，刺激它肆虐橫行。再者，冰箱是家中儲藏食物的地方，實為家中的財庫，將財庫放置在凶方，可能導致洩財。故而冰箱應放置在吉方，而非凶方。

◆ 排氣扇安裝

在現代的廚房中，排氣扇是必不可少的一個工具，它被用來將廚房內的污濁空氣抽出室外。在風水學上，「動」的東西屬陽，有加強、奮發的含義，常用來增強某一方位的力量。排氣扇正好符合這一原則，所以必須放在住宅內的吉方。

排氣扇可以使廚房的氣流動起來，因此要放在可以增加吉氣的地方。按照風水上左青龍、右白虎、前朱雀、後玄武的說法，在廚房門口面對牆壁站立，則左邊的牆壁就是主吉的青龍方，右邊的牆壁是主凶的白虎方。因此，把排氣扇安裝在左邊的牆壁更能增加吉氣。

◆ 廚房裡的植物

廚房的環境濕度比較高，非常適合植物的生長，而植物的色彩和生命力，也能為廚房帶來更多的生氣。

在選擇植物時，應該排除那些嬌貴難養的品種。另外，廚房的油煙多、溫度高，也不適宜擺放大型的盆栽。因此，像吊蘭、鳳仙、吊竹草之類的小型盆栽就很

適合。尤其是吊蘭，它可以有效地吸收廚房內的一氧化碳、二氧化碳、二氧化硫以及氮氧化物，過濾空氣中的有害氣體。

另外，不同方位的廚房也有不同的植物擺放講究。如果廚房位於南方，則適合擺放觀葉植物。因為，此方位會受到太陽光的強烈照射，會使人產生亂花錢的傾向，而觀葉植物可以緩和太陽氣，有助於儲蓄。

廚房的最佳方位是在東方，如果是在其他方位，可以在冰箱附近擺放紅花植物，有利於保持身體健康。尤其是當廚房位於西方時，在窗戶邊擺放二色紫羅蘭、水仙或其他金黃色的花，一方面可以抵擋惡氣，另一方面也能帶來財運。

◆ 米缸

在飲食中，米飯是最為常見的主食，因此米缸也成為了廚房的必備工具。一般來說，米缸都是圓形的，四方一致，故而沒有朝向的問題。不過米缸五行屬土，

將它安放在土當旺的方位——西南方或東北方，是最好的。由於木能剋土，所以米缸不宜放置在木氣旺盛的方位——東方和東南方。

此外，米缸作為糧食倉庫，有財庫的意味，米缸充足，則家中富有，米缸缺糧，則家境窘迫。

其實很多家庭不是沒有錢，只是疏於對米缸的重視，而時常出現米缸缺米的現象，這就會對家運帶來不利的影響。最好的辦法是時常關注米缸的存米，及時補充，才能讓家有富足的感覺。

◆ 排水管網

俗話常說「病從口入」，而廚房作為各家各戶製造食物的地方，尤其要求乾淨，不能讓污水四處流布。再加上廚房屬火，而風水上說水火不容，因此廚房的排水管網的佈置就顯得尤為重要。在進行排水管網的佈置時，務必使污水從前往後排。尤其忌諱讓廁所的污水從廚房下方流過，更不能在下水道上方設置爐具。

◆ 美化廚房

廚房作為整個家庭的口腹重地，廚房的佈置不僅要整潔還要美觀。一般來說，可以透過下面幾個小技巧來沒掛廚房：

1. 設計碗櫥、食品廚、壁櫥或收納雜亂的瓶瓶罐罐和油鹽醬醋，方便廚房的收拾。

2. 選一兩件精美的炊具置於廚房顯眼的位置，如搪瓷器皿或紫砂鍋，可以達到裝飾廚房的效果。

3. 在廚房的牆壁上掛置幾個草編托墊或花色精美的餐巾，就餐時可以隨時取用，不就餐時則可用來裝點廚房。

4. 可在廚房窗臺上放置一串辣椒或大蒜瓣，既方便烹飪時隨時取用，也美化了窗臺。

廁 所

◆ 廁所的風水意義

在整個住宅中，廁所是處理不潔淨之物的場所，因而應該儘量將其隱藏起來，儘量不要與其他任何房屋、房門等造成沖煞。故而廁所不適合位於吉利的方位，而凶方更為適合它。

如將廁所設在六煞、禍害、五鬼、絕命四凶方上，能達到以凶壓凶、以毒攻毒的效果，能化凶為吉。切忌將廁所設置在財位、文昌位，否則會導致破財，事業走下坡路。

◆ 依五行設置廁所

在五行中，廁所屬水，它一方面關係到家庭的財運，一方面又是污穢之水和污穢之氣產生的地方，容易

招來疾病。因此，如果廁所位置不佳，將會導致多方面的問題。因此，廁所的方位設置尤其重要。

從五行的角度來看，廁所不宜設置的方位如下表：

◆ 廁所方位

在住宅的設計時，人們就要詳細勘察廁所的方位可能對居住者造成的也影響。在選擇住宅時，人們更要注意勘察廁所的方位，以免對自己和家人的健康產生不利的影響。

有時遇到疾病纏身，再高明的醫生，也無法根治這種病痛，此時就要考慮是不是家中的廁所方位出了問題。一般來說，廁所設置在以下一些方位，容易影響居住者的健康。

◆ 最佳廁所位置

　　風水學認為，在住宅中將廁所設置在正東和東南兩個方向是最佳的選擇，這是因為：

　　1. 從五行上來說廁所屬水，正東和東南兩個方向屬木，根據「水生木」的原則，廁所的水氣正好能夠生旺這兩個方向的木氣。

　　2. 正東和東南兩個方向是住宅中採光較好的方向，充足的陽光有助於保持廁所的乾燥，防止各種病菌的滋生。

◆ 化解廁所的凶相

　　廁所是住宅中污穢之氣的主要來源地，如果設置的位置不當，很容易會帶來凶相。

　　1. 如果家中有成員在酉年出生，或是有處於婚期的女孩子，那麼廁所設於西方也屬於凶相。

　　2. 廁所的方位要避免與住宅主人的出生年相沖。

　　3. 廁所與住宅的坐向一致，也為凶，可能導致其所坐山向所代表的人體弱多病。

3. 廁所與神壇相鄰，也是一種凶相的格局。

在住宅的風水中，廁所引起的凶相會導致很多方面的疾病。為了避免，最好將其設置在住宅的東面、東南或西北方位。如果不是，則需要加以改造。

進行廁所的改造時，應避開以下幾個位置：北中心十五度（子的範圍）、北東十五度（丑的範圍）、東北中心十五度（艮的範圍）。如果無法改變廁所的位置，則需要將便池或馬桶進行移動，必須偏離這幾個方位。

為了化解凶相，也可以在廁所窗戶的窗臺上放一小碟食鹽和小型盆栽，兩者釋放的能量也能避免凶相。

◆ 廁所在走廊的盡頭或邊上

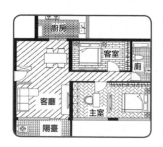

▲ 廁所在走廊盡頭的平面圖

無論是出於什麼原因，將廁所設置在走廊盡頭都

不是好風水的象徵。現代住宅中，尤其是小戶型的住宅，常常採用通廊或回廊式的設計。在這樣的設計格局下，一定要注意廁所和走廊的位置關係。如果住宅正好位於走廊的兩端，則不宜將廁所設在走廊的旁邊。在風水上，走廊直沖廁所就形成了「路沖煞」，是大凶之相，濕氣和穢氣會順著走廊擴散開來，對健康非常不利，因此要儘量避免。

◆ 設置廁所的門的注意點

風水學認為，廁所門的位置選錯了，也可能對家庭的運勢產生不利影響。

1. 不與大門直沖相對

在住宅中，廁所的門不宜與大門直沖相對，否則會引起口舌之災，還會導致事業不順。走廊直沖廁所、大門正對廁所都是大凶之象

2. 不與臥室門相對

如果與臥室門相對，受到穢氣的沖煞，可能會引

發各種疾病。尤其是直沖睡床，會導致對沖部位的疼痛，如腳部、腰部和頭部等。

3. 不宜正對爐灶

為了家中女主人的健康，尤其是保持舒暢的心情，廁所門不宜正對著爐灶的位置。如果廁所門對著書桌，還會使人心神不安，無法專心學習和閱讀。

4. 不宜正對神位

另外，如果廁所的門正對著的是家中供奉的神位，則容易在於作和生活當中犯小人。

◆ 裝修廁所

廁所的裝修主要是牆面和地面的處理。

1. 牆面

在進行廁所的牆面處理時，可以盡可能地發揮創意。如果喜歡簡單，可以嘗試在牆上刷油漆，這樣可以很好地增加廁所的溫暖度。喜歡時尚個性的，可以用馬賽克玻璃磚或是刻花瓷磚製作圖案。

　　當然，無論是刷油漆還是貼磚，都應該選擇一些較為明亮的顏色，其中淡藍、粉紅、桃紅、淡綠等都是廁所的首選色調。另外乳白色系和一些中性色也是不錯的選擇。如果再配上明亮的光線照明，就更能打造出絕佳的廁所風水了。

　　2.地面

　　在進行廁所的裝修時，地面是不可忽略的重要因素，不同材質的地板會產生完全不同的效果。

　　對於廁所地面材質的選擇，防水性是首要考慮的因素，清潔的方便性也不能忽略。因此，實木地板、大理石、花崗石都是上佳的選擇，用它們來做廁所的地板，不僅滿足了防水和清潔兩大要求，光滑的表面也使得氣流能夠順暢地流動，進而也加速了能量的流動。

　　另外，由於水流方向是向下的，屬潤下格，因此廁所的地面也不能高於臥室或是客廳，否則就容易形成住宅被水包圍的格局，進而導致內分泌系統的疾病。

◆ **使廁所乾溼分離**

由於潮濕致使廁所陰氣過盛，因此讓廁所乾溼分離，以便乾燥通風成為了廁所的基本要求，也是減少穢氣、提高運勢的重要方法。現代居家中，廁所一般都包含有廁所和浴室兩個功能。

在面積允許的情況下，最好能單獨隔離出1平方米左右的空間作為獨立的淋浴處，可在地面安裝窄條的石台，懸掛上浴簾，這樣簡單的設計就可以有效地防止水流滲到整個廁所中。

如果經濟條件允許，設置淋浴屏，或是安裝獨立的淋浴房，會達到更好的乾溼分離的效果。

◆ 浴缸中的洗澡水

風水學認為，浴缸中的洗澡水需要及時處理掉，以減少廁所的水氣。但是有的家庭設置了浴缸，卻依然使用淋浴，而將浴缸作為儲水工具，把洗澡水留下來沖廁所、洗拖把等。其實，這是犯了風水上的忌諱。

作為洗澡的用具，浴缸最大的功效是將身上的髒

東西洗掉，進而使心情得到一個良好的轉換。在洗完澡以後，人的壞情緒和身體的疲乏都融進了水中。如果不及時放掉洗澡水，就等於將這些不利的因素都留在了家裡，也就是犯了風水上說的不存水的原則。

所以，千萬不要為了節約，而將洗澡水或是洗衣服剩下的水存在浴缸裡。如果實在可惜水，則應該儘快將其用完，不能長時間存放，以免滋生細菌和水生植物。並且最好將這些水存到專門的桶中，而不是存在經常使用的浴缸裡。

◆ 廁所裡的鏡子

▶ 廁所裡的鏡子

廁所是一所住宅中最適合放置鏡子的地方。尤其是對於沒有窗戶的廁所來說，鏡子可以達到提升空間感

的作用。

1. 鏡子的大小

對剛起床的人來說，鏡子可以讓人從夢境回到現實。因此，廁所的鏡子應儘量挑選較大的，它可以盡可能地擴張因睡眠而收縮的能量，使人精神百倍。如果照鏡子時，頭部上方還有空間，就意味著事業的發展一片光明，但是過多空間則會使人流於空想。不能選擇過小的鏡子，只能照見一張臉的鏡子，不利於事業的發展。

2. 鏡子的形狀

一般說來，廁所的鏡子以方形為最佳，它代表了平衡和有序，但切忌不能有尖銳的棱角。如果再配上圓形的洗手池和燈光，則更利於建立風水上的平衡。圓形和橢圓形的鏡子也適合使用，切忌使用菱形、多邊形的鏡子。

此外，要注意的是，鏡子代表了事業的發展，因而鏡子要保持乾淨，要隨時擦乾鏡面的水漬和霧氣，越清晰越好。

◆ **廁所的物品擺放**

▲ 廁所的物品

　　為了確保廁所的通風，廁所裡的物品擺放應以簡單整潔為原則，切忌將廁所當成雜物間，將有用和無用的東西都堆放其中。

　　為了使空氣清新，香皂、洗髮乳、沐浴露、香水等物品要整齊擺放在洗手盆旁的架子上，其散發的香味可以沖淡廁所內的不良氣味，使身心得到放鬆。

　　馬桶刷等沾染有污穢之氣的清潔用具應儘量放在遮蔽之處，牙刷也應儘量插在專用的牙刷架上，不宜直接放在杯子中。

　　對於經常在廁所使用吹風機的人來說，每次使用後要將吹風機放入儲物櫃中，不宜直接掛在牆上。因為吹風機五行屬火，直接暴露在廁所中會造成水火相沖。

永續圖書
線上購物網

www.foreverbooks.com.tw

◆ 加入會員即享活動及會員折扣。

◆ 每月均有優惠活動，期期不同。

◆ 新加入會員三天內訂購書籍不限本數金額，
即贈送精選書籍一本。（依網站標示為主）

專業圖書發行、書局經銷、圖書出版

永續圖書總代理：

五觀藝術出版社、培育文化、棋茵出版社、達觀出版社、

可道書坊、白橡文化、大拓文化、讀品文化、雅典文化、

知音人文化、手藝家出版社、璞珅文化、智學堂文化、語

言鳥文化

活動期內，永續圖書將保留變更或終止該活動之權利及最終決定權。

剪下後傳真、掃描或寄回至「

221-03
新北市汐止區大同路三段 194 號 9 樓之 1

讀品文化事業有限公司　收

電話/ (02) 8647-3663　　傳真/ (02) 8647-3660
劃撥帳號/ 18669219　　永續圖書有限公司

請沿此虛線對折免貼郵票或以傳真、掃描方式寄回本公司，謝謝！

讀好書品嘗人生的美味

招財開運私房學